EL CAMINO AL INFIERNO

EL CAMINO AL INFIERNO

David Pawson

ANCHOR RECORDINGS

Copyright © 2022 David Pawson Ministry CIO

El derecho de David Pawson a ser identificado como el autor de esta obra ha sido afirmado por él de acuerdo con la Ley de Copyright, Diseños y Patentes de 1988.

Traducido por Alejandro Field

Esta traducción internacional español se publica por primera vez en Gran Bretaña en 2021 por Anchor que es el nombre comercial de David Pawson Publishing Ltd Synegis House, 21 Crockhamwell Road, Woodley, Reading RG5 3LE

Ninguna parte de esta publicación podrá ser reproducida o transmitida de ninguna forma o por ningún medio, electrónico o mecánico, incluyendo fotocopia, grabación o ningún sistema de almacenamiento o recuperación de información, sin el permiso previo por escrito del editor.

Si desea más de las enseñanzas de David Pawson, incluyendo DVD y CD, vaya a www.davidpawson.com

PARA DESCARGAS GRATUITAS www.davidpawson.org

Si desea más información, envíe un e-mail a info@davidpawsonministry.org

ISBN 978-1-913472-62-7

Printed by Ingram Spark

"Es ancha la puerta y espacioso el camino que conduce a la destrucción, y muchos entran por ella".
Jesús de Nazaret *(Evangelio de Mateo)*

"Nuestros amigos que anhelan librarse del castigo eterno deberían dejar de discutir contra Dios y, en cambio, obedecer los mandatos de Dios mientras aún hay tiempo".
Agustín de Hipona *(La ciudad de Dios)*

"Entonces vi que había un camino al infierno, incluso desde las puertas del cielo".
Bunyan de Bedford *(El progreso del peregrino)*

"El camino al infierno está pavimentado con buenas intenciones".
Baxter de Kidderminster
(citado por Samuel Johnson y Bernard Shaw)

"Siempre que vea a uno o mil hombres corriendo hacia el infierno, ya sea en Inglaterra, Irlanda o Francia, o aun en Europa, Asia, África o América, los detendré si puedo; como ministro de Cristo, les rogaré en su nombre que se vuelvan y se reconcilien con Dios".
John Wesley (carta a John Smith)

"El principal peligro del siglo XX será:
una religión sin el Espíritu Santo,
cristianos sin Cristo,
perdón sin arrepentimiento,
salvación sin regeneración,
política sin Dios y
un cielo sin un infierno".

William Booth (al final de su vida)

"Señor, si yo creyera en lo que usted y la iglesia de Dios dicen que creen, incluso si Inglaterra estuviera cubierta de vidrios rotos de costa a costa, caminaría sobre ellos, si fuera necesario sobre mis manos y rodillas, y pensaría que vale la pena vivir solo para salvar un alma de un infierno eterno como ese".

Atribuido a "Charlie" Peace
(asesino convicto en conversación con el
capellán en la cárcel de Leeds, antes de ser ahorcado)

Índice

	Prólogo	9
	Introducción	11
1	EL RESIDUO	21
	Tradición medieval	24
	Trivialización moderna	25
2	LA RETIRADA	31
	Evasión deliberada	32
	Aversión personal	35
	Argumentos persistentes	38
	Alternativas propuestas	41
3	LA REALIDAD	49
	Descripción temible	52
	Dispensación futura	57
	Duración final	64
4	EL RIESGO	79
	Pecadores despreocupados	81
	Santos despreocupados	86
5	EL RESCATE	95
	Afecto del Padre	96
	Expiación del Hijo	99
	Ayuda del Espíritu	102
	Adhesión del creyente	103
6	EL REVERSO	113
	Cosmos renovado	118
	Condición redimida	121
	Comunidad reconciliada	125

7	LA PERTINENCIA	131
	Evangelizar a incrédulos	132
	Edificar a creyentes	140

ESTUDIOS DE ESCRITURAS

	Introducción	153
A	El temor mortal	157
	(Mt 10:28; Lc 12:4s)	
B	La fiesta de bodas	165
	(Mt 22:1–14; Lc 14:15–24)	
C	El rebaño dividido	179
	(Mt 25:31– 46)	
D	Los sepulcros abiertos	193
	(Mt 27:52s)	
E	El hombre rico	199
	(Lc 16:19-31)	
F	El ladrón moribundo	213
	(Lc 23:39-43)	
G	El fuego de prueba	219
	(1Co 3:10-15 y 5:1-12)	
H	La segunda oportunidad	229
	(1P 3:17 – 4:6)	
I	Los ángeles caídos	239
	(2P 2:4-10 – Jud 6)	
J	El juicio final	247
	(Ap 20:1-15)	

PRÓLOGO

Hace unos cinco años escribí un recordatorio personal en mi libreta. Decía: "Debo predicar más sobre el infierno". Había estado pensando en cómo, en los días de mi juventud, los predicadores me habían inculcado regularmente que había "un cielo que ganar y un infierno que evitar". También me alarmaba la aparente falta de temor a Dios en muchos cristianos. Me parecía que a muchos de los que se habían hecho cristianos en los últimos años se les había enseñado el cuidado amoroso del Padre Dios, pero ¿entendían que también era su juez?

En los años que siguieron, no creo que el equilibrio se haya corregido mucho y, debo confesar, no he prestado mucha atención a esa nota que hice. Ahora mi amigo David Pawson ha aparecido con un recordatorio punzante.

Muchos de los que lean este libro serán conscientes de que el infierno se ha convertido en un tema algo controvertido en los últimos años. En una carta publicada recientemente alguien escribe: "[el infierno] es un tema sobre el que debo luchar. No podría amar a un Dios que torturara a la gente eternamente". David es, por supuesto, muy consciente de esa controversia y escribe en el capítulo 6: "El infierno puede ser cuestionado, por razones obvias, aun entre creyentes".

David Pawson ha escrito antes sobre temas controvertidos, pero este libro no ha sido escrito como una contribución a la controversia ni como una voz más en la disputa. Está escrito con evidente compasión, alta consideración por la Palabra de Dios y celo piadoso por el carácter de Dios. Recomiendo este libro sin reservas a las personas que han llegado a conclusiones similares a las que se expresan en él, pero también a las que todavía están formando sus opiniones e igualmente a las que sostienen otros puntos de vista.

C Lynn Green
Juventud con una Misión
Director para Europa, Oriente Medio y África

INTRODUCCIÓN

Una vez prediqué a una congregación de perros, en su mayoría de la raza conocida como labrador. Era un servicio para invitados y cada perro había traído un amigo, ¡que era ciego! Se trataba de una reunión anual organizada por la organización Torch Trust para personas que habían perdido la vista o nunca la habían tenido.

Cuando empecé a preparar mi mensaje, me sentí impulsado a elegir el tema del infierno. Una parte de mí se resistía a hacerlo. Seguramente estas queridas personas ya habían sufrido bastante. Necesitaban consuelo en lugar de reto, empatía en lugar de exhortación. Pero las palabras de Jesús seguían pasando por mi mente: "Si tu ojo derecho te hace pecar, sácatelo y tíralo. Más te vale perder una sola parte de tu cuerpo, y no que todo él sea arrojado al infierno" (Mt 5:29, parte del Sermón del Monte).

Ese se convirtió en mi texto. Les dije a mis oyentes no videntes que la mayoría de las tentaciones de los videntes provienen de lo que el Nuevo Testamento llama "la codicia de los ojos" (1Jn 2:16). Les pedí que oraran por mí, porque podía ver.

Estaba presente una anciana que nunca había podido ver y estaba muy resentida por eso. Cuando le hablé de la desventaja espiritual de la vista, empezó a sentir compasión por los que podían ver. Su corazón se ablandó y se abrió al Señor. Sus amigos me contaron que cantó alabanzas durante todo el camino de vuelta a casa en el autobús, y que murió unos días después, regocijándose en su salvación. La primera persona que vio fue Jesús.

No era la primera vez que me atrevía a abordar este tema sobrecogedor. Mis registros dicen que comencé a hacerlo en la iglesia metodista de Addlestone, Surrey, en julio de 1955. Aunque me había criado en esa denominación y me había formado en Cambridge para su ministerio, no recuerdo ninguna mención, y mucho menos ninguna instrucción o discusión sobre este tema. El conocimiento que tenía provenía de mi propio estudio de la Biblia.

Supongo que cada uno de nosotros tiene una imagen mental evocada por la palabra "infierno" misma, normalmente asociada a alguna experiencia espantosa de nuestro pasado. Me vienen a la mente dos de ellas, ambas de la época en que se escribió este libro.

La primera fue en Hong Kong. Jackie Pullinger, esa valiente y abnegada inglesa que hace que Cristo sea real para los drogadictos de la isla, me llevó a la "ciudad amurallada" (la muralla ya no existe; los japoneses la derribaron durante

INTRODUCCIÓN

la Segunda Guerra Mundial y utilizaron los escombros para construir una pista de aterrizaje en el puerto). Solo puedo describirla como un barrio de casuchas vertical, con viviendas apiladas unas encima de otras a muchos pisos de altura. El interior era oscuro, sucio y deprimente. Pero lo que le daba su carácter único era el hecho extraordinario de que no había ninguna ley ahí, ya que esta pequeña zona no pertenecía a nadie ni estaba bajo ninguna autoridad. Proxenetas y prostitutas, traficantes y drogadictos, apostadores y las infames Tríadas, estaban allí, ejerciendo sus degradantes oficios y explotando las debilidades humanas. Más tarde, cuando salí de las entrañas de este espantoso lugar a la agradable luz del sol, sentí que acababa de visitar el infierno. Pero incluso allí brillaba la luz del evangelio, en la única sala fuertemente iluminada que vi, en el corazón del amontonamiento, en el nivel más bajo, donde Jackie y sus colegas demostraban que Cristo puede liberar a los cautivos. Afortunadamente, la "ciudad" sería derribada.

La segunda vez fue en Polonia, en un lugar cuyo nombre hiela la sangre: ¡Auschwitz! No hay palabras para describir lo que sentí cuando estuve en la "sala de duchas" herméticamente cerrada donde miles de judíos, gitanos y otros "indeseables" fueron asfixiados con el mortal gas Zyklon-B. Les cortaban el pelo para rellenar cojines, les extraían los dientes de oro y los enviaban al banco, les quitaban cuidadosamente la piel tatuada para hacer pantallas de lámparas, fundían la grasa para fabricar jabón, y finalmente incineraban los restos enjutos y vendían las cenizas como abono. Tuve que recordarme a mí mismo que los hombres responsables de esta increíble barbarie volvían a casa para amar a sus esposas, jugar con sus hijos y cantar villancicos. De lo contrario, yo también habría sido culpable de su perverso desprecio, que trataba a quienes habían sido creados a imagen y semejanza de Dios como algo infrahumano y no apto para vivir. Nuevamente, cuando salí de la cámara sin ventanas y vi el sol brillante en un cielo sin nubes, sentí que acababa de regresar del infierno.

Mientras escribo, me vienen las palabras de Robert Browning. "Puede haber un cielo", dijo, "pero debe haber un infierno". Es una exigencia de un universo moral. Si esta vida es todo lo que hay, entonces reina la injusticia. Pero si hay una vida más allá que incluye una retribución para el malhechor, entonces es posible volver a creer que la justicia reina y que Dios es bueno.

En ese sentido, el infierno es una buena noticia. Aunque los malvados escapen de las consecuencias y castigos de sus crímenes en este mundo, no se han salido con la suya. Tendrán su merecido.

La mayoría estaría de acuerdo en que algunos no merecen menos que el infierno. Asesinos en masa, dictadores crueles, traficantes de drogas, abusadores de niños, maltratadores de mujeres; probablemente todos tenemos candidatos para el lago de fuego.

¿Por qué nunca nos incluimos a nosotros mismos? ¡El infierno es siempre para los demás! Una reciente encuesta de Gallup reveló que dos tercios del público estadounidense creían en el cielo y que estaban seguros de ir allí; ¡la misma proporción también dijo que conocía a alguien que estaban seguros de que irían al infierno!

Quizá por eso la enseñanza de Jesús sobre el infierno es tan impopular. Parecía sugerir que la gran mayoría de la raza humana se dirigía allí (Mt 7:13) y por ofensas tan triviales como llamar a alguien estúpido o mirar a una chica codiciándola (Mt 5:22, 28).

Estas declaraciones nos hacen sentir vulnerable a todos. ¿No es llevar las cosas demasiado lejos? Seguramente la mayoría de nosotros no somos tan malos. Pero muy en el fondo se esconde la inquietante sensación de que, si Jesús tenía razón, podríamos estar en grave peligro, todos nosotros.

No es de extrañar, entonces, que esta sea la más ofensiva y menos aceptable de todas las doctrinas cristianas. Tratamos de ignorarla, pero no desaparece. Intentamos explicarla, pero sigue apareciendo. Es mejor afrontar la verdad, aunque duela. No puede haber consuelo final en engaños.

Este no ha sido un libro fácil de escribir. Lo he empezado y dejado varias veces. Es una responsabilidad tremenda, sabiendo que "los que enseñamos seremos juzgados de una manera más estricta" (Stg 3:1). Cuando mi maletín, que contenía el único manuscrito, desapareció del estacionamiento de un aeropuerto en Bolonia, Italia, me pregunté si el Señor me estaba diciendo que no lo publicara. Providencialmente, en respuesta a muchas oraciones, la policía me devolvió todo intacto unos días después. Me vi animado a creer que estaba destinado a ser publicado.

Pero ¿por qué siquiera escribir un libro así? No es la manera de "ganar amigos e influir sobre las personas". El espíritu de la época no es ciertamente propicio para nuestro tema. El existencialismo vive para este mundo más que para el siguiente. El hedonismo busca el placer y evita el dolor. Ya hay suficientes problemas que afrontar en el aquí y ahora; ¿por qué añadir preocupaciones distantes sobre el allí y el después?

No obstante, olvidarse del infierno no lo suprime ni salva a nadie de ir allí. Si existe ese lugar y hay algún riesgo de que un solo ser humano vaya allí, es un acto de amor compasivo tanto advertir a los que pueden ir allí como decirles cómo escapar de ese destino. Pero ¿quiénes son estas personas?

La idea central de este libro sorprenderá y aun impactará a muchos cristianos, ya que está dirigido principalmente a ellos. De todos modos, es mucho más probable que lo lean "santos" que "pecadores". Y así debe ser, por dos razones.

En primer lugar, el espíritu de la época ha invadido e infectado ahora a la propia iglesia. Los creyentes se están preocupando por necesidades temporales (tanto dentro de la iglesia como fuera de ella en la sociedad) en detrimento de destinos eternos. Junto con este gran cambio de énfasis, hay un alejamiento alarmante de la comprensión tradicional del infierno como tormento sin fin, incluso entre maestros creyentes en la Biblia. La aniquilación es la alternativa preferida actualmente. La pregunta "¿Dónde pasarás la eternidad?" tendrá que ser sustituida por "¿Pasarás la eternidad en algún lugar?". Desafiar esta tendencia creciente fue uno de mis principales motivos para escribir.

En segundo lugar, las advertencias de Jesús sobre el infierno rara vez estuvieron dirigidos a pecadores; ocasionalmente fueron dirigidos a hipócritas religiosos (como los fariseos), pero generalmente a sus propios discípulos, en particular a los doce. Este hecho contextual parece haber sido totalmente ignorado, incluso por aquellos que todavía creen, predican y escriben sobre el infierno. Llamar la atención al respecto es probablemente la contribución singular de este libro al presente debate.

Las implicaciones son, por supuesto, de gran alcance, y muy perturbadoras para aquellos cuya seguridad descansa en el cliché: "Una vez salvo, siempre salvo" (una frase que no aparece en ninguna parte de la Biblia) y que piensan que "salvo" no tiene otro significado más que "seguro". El infierno es un recordatorio de la necesidad de santidad además de perdón. ¿Quién se atreve a decir que este mensaje es irrelevante para la iglesia contemporánea?

Estoy convencido de que la recuperación de esta verdad olvidada es vital para la salud del cuerpo de Cristo y esencial para la tarea de completar la evangelización de todas las naciones (grupos étnicos más que autoridades políticas). Esta fue mi razón básica para ponerme a escribir.

Probablemente el libro no será más fácil de leer que de escribir. Los primeros capítulos pueden ser muy deprimentes.

El evangelio siempre ha sido una mala noticia (sobre la ira de Dios) antes de ser una buena noticia (sobre su amor). La carta de Pablo a los Romanos es un buen ejemplo. Por lo tanto, sería tan erróneo omitir la lectura de los tonos sombríos de los cuatro primeros capítulos como dejar de leer antes de llegar a las buenas noticias del quinto y el sexto.

El último capítulo se introdujo por sugerencia de varios amigos, entre ellos el editor. Consideraron que un libro sobre el infierno necesita el "alivio" del cielo. Como no pretendía hacer de él un tratado general sobre el más allá, me resistía a ampliar su alcance, e inicialmente pensé en añadir un apéndice. Pero el cielo es un clímax, no un apéndice, así que he incorporado un capítulo en el texto principal, utilizando el cielo como contraste ("el reverso") del infierno. Confío en que los lectores comprenderán que la proporción de seis capítulos sobre el infierno y uno sobre el cielo no refleja en absoluto la proporción de mi pensamiento y mi discurso, y no pretende ser un modelo para los de ellos. Es simplemente un reflejo del hecho de que el infierno es un motivo de controversia mayor que el cielo, por razones obvias.

La última parte del libro consiste en una serie de estudios de escrituras (incluida una serie de pasajes que son muy debatidos o evitados intencionadamente). Además de proporcionar pruebas exegéticas para apoyar el texto general, se espera que también proporcionen al predicador algún material homilético que pueda ser utilizado en el púlpito.

Que el Señor le dé la gracia de leer todo mi libro. Puede

que lo encuentre intelectualmente exigente, emocionalmente agotador y moralmente perturbador, pero persevere. En la lectura, como en la salvación, la bendición espera a los que "perseveran hasta el final". No podría soportar la idea de que alguien no leyera lo suficiente para saber que no necesita encontrarse condenado en el infierno. Nuestro maravilloso Señor, en su gran amor y misericordia, ha hecho todo lo posible para salvarnos de este terrible destino. Oro para que el libro lo deje lleno de gratitud en lugar de temor, decidido a conocer ese amor perfecto que echa fuera todo temor. ¡Shalom!

NOTA

Cuando este manuscrito estaba a punto de terminarse, apareció otro sobre el mismo tema: *Crucial Questions About Hell* (Preguntas cruciales sobre el infierno), de Ajith Fernando, director de Juventud para Cristo en Sri Lanka, publicado por Kingsway y con un prólogo de Jim Packer.

Cubría el mismo terreno y adoptaba la misma posición que mis tres primeros capítulos. Estuve tentado de abandonar mis esfuerzos y dejar el campo libre a esta excelente publicación. Sin embargo, al igual que todos los demás libros sobre este tema, no abordaba el hecho crucial de que la mayoría de las advertencias de Jesús fueron dadas a sus discípulos comprometidos. La correspondencia con el autor reveló que se trataba, como ocurre habitualmente, de un descuido inconsciente, ya que no había tomado nota del contexto de estas advertencias. Dicho esto, quedó claro que él habría interpretado estos datos de forma similar a la mía, ya que su respuesta cuando se lo señalé fue: "En mi predicación, ciertamente advierto a los creyentes sobre la posibilidad de perder su salvación eterna por no ejercer una fe perseverante". Le estoy agradecido porque me animó a seguir adelante con mi libro. ("Hay tal necesidad de declaraciones evangélicas sobre este tema que cuantas más haya, mejor será el impacto total en la comunidad cristiana") y con gusto recomiendo su estudio a mis lectores.

David Pawson
Sherborne St John

1

EL RESIDUO

El siguiente informe apareció en periódicos y revistas de todo el mundo:

¿Se han abierto las puertas del infierno?
Los científicos temen haber abierto las puertas del infierno. Un grupo de geólogos que ha perforado un agujero de unos 14,4 kilómetros de profundidad en la corteza terrestre afirma haber oído gritos humanos. Se han escuchado gritos de las almas condenadas desde el agujero más profundo de la tierra. Los científicos, aterrorizados, temen que hayan liberado los poderes malignos del infierno que han llegado a la superficie de la tierra.

"La información que estamos recopilando es tan sorprendente, que sinceramente tenemos miedo de lo que podamos encontrar ahí abajo", declaró el Dr. Azzacov, director del proyecto de perforación de un agujero de 14,4 kilómetros en la remota Siberia.

Los geólogos estaban estupefactos. Después de haber

perforado varios kilómetros a través de la corteza terrestre, la broca de repente empezó a girar incontrolablemente. "Hay una sola explicación: el centro profundo de la tierra es hueco", explicó el sorprendido Azzacov. La segunda sorpresa fue la alta temperatura que descubrieron en el centro de la tierra. "Los cálculos indican que la temperatura dada era de unos 1.100 grados Celsius", señala el Dr. Azzacov. "Esto es mucho más de lo que esperábamos. Parece casi como si un infierno de fuego estuviera ocurriendo violentamente en el centro de la Tierra".

"El último descubrimiento ha sido, sin embargo, el más impactante para nuestros oídos, al punto que los científicos tienen miedo de continuar con el proyecto. Intentamos escuchar los movimientos de la tierra a ciertos intervalos con micrófonos supersensibles, que se dejaron caer a través del agujero. Lo que oímos convirtió a aquellos científicos de pensamiento lógico en ruinas temblorosas. A veces se trataba de un sonido débil, pero agudo, que creíamos que procedía de nuestro propio equipo", explicó el doctor Azzacov. "Pero después de algunos ajustes comprendimos que, efectivamente, el sonido procedía del interior de la tierra. Apenas podíamos creer lo que oíamos. Oímos una voz humana que gritaba de dolor. Aunque se distinguía una sola voz, podíamos escuchar miles, quizás millones, en el fondo, de almas sufrientes gritando. Después de este espantoso descubrimiento, cerca de la mitad de los científicos renunciaron por miedo. Esperemos que lo que está ahí abajo se quede ahí abajo", añadió el Dr. Azzacov.

Se encontró que la fuente de la historia era un periódico finlandés, pero allí el rastro termina. Por razones que se harán evidentes más adelante en el libro (una de ellas es que el infierno aún no está habitado), el relato es altamente dudoso y probablemente pertenezca al ámbito del rumor o del engaño. Sin embargo, suscita dos reflexiones oportunas.

En primer lugar, es más probable que un relato así provoque temor en la gente de hoy que cualquier predicación del "fuego del infierno" desde el púlpito. Esto se debe a que nuestra época está más impresionada por los descubrimientos científicos que por las declaraciones bíblicas. Incluso los cristianos pueden caer en la trampa de ofrecer pruebas "científicas" de la verdad bíblica, situando involuntariamente la autoridad en la razón humana en lugar de la revelación divina. Tal vez debamos recordar la evaluación realista de Jesús sobre el escepticismo humano: que los que no aceptan las palabras de los profetas no se convencerán ni siquiera si se encuentran con alguien que ha vuelto de ultratumba (Lc 16:31).

En segundo lugar, la ausencia de cualquier explicación del concepto de "infierno" es sorprendente y profundamente significativa. El reportero supone, con toda razón, que la mayoría de sus lectores ya están muy familiarizados con la idea de miríadas de almas humanas atormentadas por un calor insoportable.

Esta imagen está profundamente arraigada en el folclore occidental. Es probablemente un ejemplo de la comunicación más eficaz en la historia de la iglesia.

TRADICIÓN MEDIEVAL

En la época en que la mayoría de los fieles eran analfabetos y la Biblia seguía siendo un libro cerrado que solo estudiaban los eruditos en latín, las doctrinas cristianas se comunicaban por la vista más que por el oído, tanto de forma dinámica (ritual) como estática (vitrales, esculturas, pinturas). Pocas catedrales de la Edad Media carecían de un vívido recordatorio visual del destino de los no salvos (el friso de piedra sobre la puerta oeste de la catedral de Friburgo en Suiza es típico). Estas escenas escabrosas dejaban una impresión indeleble. Cuando el temor que engendraban estaba vinculado a la reivindicación eclesiástica del monopolio sacramental, se entiende fácilmente el dominio sacerdotal sobre la sociedad de la época.

El concepto medieval del infierno ha sobrevivido casi intacto, a pesar de la Reforma Protestante. Pero el método de su comunicación ha cambiado radicalmente. Durante los siglos posteriores, esta sombría verdad fue transmitida de forma *verbal* en lugar de *visual*. Ya existía un precedente en el siglo XIV: *La Divina comedia* de Dante trazaba un viaje a través del infierno y el purgatorio hasta el paraíso. Este enfoque poético volvería a aparecer en *El paraíso perdido* y *El paraíso recobrado* de Milton. Pero sería a través de la predicación y no de la poesía como se perpetuaría la tradición. Muchos han oído hablar, aunque pocos han leído realmente, del sermón más famoso sobre el tema, del puritano estadounidense Jonathan Edwards, titulado *Pecadores en manos de un Dios airado*, que estimuló el avivamiento a través del Atlántico y ha sido ampliamente emulado, desde predicadores victorianos hasta telepredicadores de los últimos tiempos.

Hay que decir que tanto las representaciones visuales como las verbales iban con frecuencia más allá de la moderación de las escrituras sagradas. De hecho, es probable que el horror del infierno se transmita con mayor eficacia por la escasa información de la Biblia que por las detalladas descripciones de algunos expositores. Incluso es posible que algunos de estos intentos de mejorar su impacto hayan sido contraproducentes, desprestigiando e incluso ridiculizando todo el tema. No obstante, una reacción contra esta crudeza no es la única razón por la que el infierno se toma livianamente en el pensamiento contemporáneo.

TRIVIALIZACIÓN MODERNA

El infierno sigue siendo un elemento familiar en nuestro paisaje mental. Sin embargo, esta familiaridad ya no inspira temor, y mucho menos terror. El hombre moderno lo ha asimilado a través de la blasfemia, la comedia y la reinterpretación existencial.

Resulta irónico que la palabra misma (en inglés, *hell*) se utilice mucho más fuera que dentro de la iglesia. Junto con las maldiciones relacionadas (como *Damn you*, "maldito seas"), es una de las palabrotas más comunes en el uso diario. En el fondo, estas blasfemias son una forma de reto, una muestra de bravuconería, que desafía a la deidad a castigar a una persona por usar palabras sagradas de forma profana (lo que explica que la mayoría de las obscenidades se extraigan de las dos relaciones más "sagradas": entre el hombre y Dios y entre el hombre y la mujer).

El término "infierno" se utiliza ahora con tanta frecuencia que no se considera más que un improperio suave. Tomemos el ejemplo clásico de Charlie "Dryhole" Woods que, tras años de perforaciones infructuosas, descubrió el mayor pozo de petróleo de California (ochenta mil barriles diarios) y describió su hallazgo a los medios de comunicación con un vocabulario vivo, aunque limitado: "Es el infierno. Literalmente un infierno. Ruge como el infierno. Crece, surge y arrasa como el infierno. Es incontrolable como el infierno. Es negro y caliente como el infierno".

Este uso tan descuidado degrada la palabra, utilizando una amenaza mayor para describir una mucho menor. Su contenido emotivo puede reducirse tanto si se utiliza con demasiada frecuencia como si se emplea con poca frecuencia.

El infierno también se trivializa en nuestros días a través de la comedia. La risa es un mecanismo de defensa, sobre todo para sacudirse los miedos (cuántos cómicos de teatro son melancólicos en la vida privada).

Tomamos las cosas con humor. Desde las postales "pícaras" hasta las comedias de situación televisivas, los chistes explotan el conocimiento generalizado de la creencia cristiana. Muchos son variaciones del tema "el cielo para el clima, el infierno para la compañía". Otros incluyen una referencia a San Pedro y a las "puertas del cielo".

Nuevamente, el concepto es degradado. La aprensión se reduce, por lo menos, e incluso se elimina por completo. El humor hace frente a lo intolerable. La reverencia y el ridículo no pueden coexistir. La risa perfecta echa fuera el temor.

Una forma más sutil de reduccionismo está relacionada con nuestra preocupación existencial por nuestra situación actual. El próximo mundo se ha vuelto irreal e irrelevante. Este mundo es el único que realmente importa. Por lo tanto, creamos nuestro propio "cielo" o "infierno" aquí en la tierra. No hay placer ni dolor más allá de la tumba.

Hay dos implicaciones significativas de esta perspectiva común. Una es la transferencia de la retribución de la esfera eterna a la temporal. Los hechos de la vida difícilmente sostienen esta teoría. La Biblia es más honesta al observar que la vida aquí puede ser bastante injusta, y que el inocente sufre y el culpable prospera (vea, por ejemplo, Sal 73:3-14).

La otra es la transferencia del juicio del ámbito divino al humano. Ya no es Dios quien decide nuestro destino, sino nosotros elegimos el nuestro. La soberanía suprema del teísmo es sustituida por la autonomía asertiva del humanismo.

El infierno ya no es un castigo impuesto, sino una preferencia libremente elegida, incluso un derecho que hay que defender ("Si quiero ir al infierno, ¿quién me lo va a impedir?"). Ya no es un veredicto de la voluntad divina, sino una victoria de la voluntad humana. Y el hombre es incluso libre de escapar de este infierno que él mismo ha creado, suicidándose.

Un infierno que ha sido trivializado de estas tres maneras, o de cualquier otra, ya no despertará temor. Pero la naturaleza humana aborrece el vacío, y muchos otros miedos se han mudado a la casa vacía: miedo al SIDA, a la bomba, al cáncer, a la contaminación, al despido, etc. Sorprendentemente, el proceso de morir (que puede ser doloroso y humillante) es ahora más temido que la muerte (que se supone que conduce al olvido, un alivio para muchos, especialmente los ancianos).

La autopreservación es uno de nuestros instintos más profundos y primitivos; ningún costo se considera demasiado grande para salvar la vida de una muerte prematura, especialmente en un contexto de desastre repentino. Sin embargo, nuestra generación es cada vez más favorable a la eutanasia, es decir, a acelerar la muerte de los enfermos terminales o de los ancianos débiles. Esta aparente incoherencia es explicable cuando la muerte se entiende como una privación de la vida, que a su vez debe considerarse digna de ser vivida.

El verdadero temor a la muerte surge de la creencia en la continuidad de la existencia consciente más allá de la tumba, junto con la creencia de que la calidad de esa vida tendrá una relación moral y judicial directa con la forma en que hemos vivido en esta vida. Es la anticipación de la retribución lo que hace que la muerte sea su aguijón más doloroso. Nos asusta la idea de tener que rendir cuentas.

Para una generación anterior, la muerte llevaba a las criaturas a la presencia de su Creador. Las vidas serían examinadas y los veredictos anunciados. "Está establecido que los seres humanos mueran una sola vez, y después venga el juicio" (Heb 9:27). En la Biblia, ambos acontecimientos son igualmente inevitables.

Que los incrédulos del mundo traten de eludir este desafío es al menos comprensible. Una generación que busca el placer encuentra esta clase de pensamientos extremadamente desagradables. Pero que los creyentes de la iglesia, comprometidos con la verdad tal y como Dios la ha revelado, también se muestren evasivos es sorprendente. Pero esa también es una faceta de la vida actual.

2

LA RETIRADA

Escribiendo en los años sesenta, un periodista británico observó: "Hace cuarenta años, dejamos de creer en el infierno; veinte años atrás, dejamos de creer en el cielo". No aclaró si se refería a la sociedad en general o a la iglesia en particular, aunque cada una influye en la otra. Si el contenido de los sermones era su evidencia principal, su evaluación era razonablemente precisa.

Hubo, y hay, excepciones. Los fundamentalistas y evangelistas transatlánticos han "mantenido el fuego avivado". En el Reino Unido, los partidarios de la teología reformada (calvinista) han sido los más coherentes a la hora de hablar y escribir sobre el infierno.

Pero sigue siendo cierto que, en la gran mayoría de las iglesias, tanto en las denominaciones más antiguas como en las nuevas independientes, rara vez se menciona el infierno. ¡Irónicamente, mientras el mundo habla demasiado de él, la iglesia habla demasiado poco! Hay una retirada generalizada de este elemento tradicional de la fe. Esto ha coincidido con un prolongado descenso en el número de miembros de la iglesia (un punto que retomaremos en el último capítulo).

¿Ha sucedido esto por defecto o ha sido deliberado? ¿Se ha pasado por alto el infierno simplemente o se ha suprimido conscientemente?

EVASIÓN DELIBERADA

La iglesia es aún más consciente de su enseñanza tradicional que el mundo. La mayoría de las denominaciones mantienen registros claros de sus declaraciones históricas de sus credos. El cambio ha sido deliberado.

Esto puede ilustrarse con el metodismo, que afirma haber "nacido en el canto". Desde tiempos inmemoriales, la doctrina se ha transmitido a través de la música. El hermano de John Wesley, Charles, escribió letras de unos seis mil himnos en el siglo XVIII, muchas de ellas con melodías populares. La siguiente es típica:

El amor lo movió a morir,
Y en esto confiamos:
Él ha amado, nos ha amado: no podemos decir por qué;
Pero esto podemos decir,
Nos ha amado tanto
Como para dar su vida para redimirnos del infierno.

Los primeros metodistas sabían de qué habían sido salvados, por y para quién. Considere el siguiente catecismo wesleyano

(¡"para niños de tierna edad"!):

¿Qué clase de lugar es el infierno?
El infierno es un pozo oscuro y sin fondo de fuego y azufre.
¿Cómo serán castigados allí los malvados?
Los malvados serán castigados en el infierno con el tormento de sus cuerpos por el fuego y sus almas por una percepción de la ira de Dios.
¿Cuánto durarán estos tormentos?
Los tormentos del infierno durarán eternamente.

Si este tipo de enseñanza se hiciera obligatoria ahora, ¡probablemente habría una renuncia masiva del ministerio metodista!

En otras "ramas" de la iglesia, hay una evidente reticencia a dar una enseñanza regular sobre el tema. Los comentarios son provocados por el deseo de la controversia. La mayoría de esas respuestas se caracterizan por una "desmitologización" del lenguaje bíblico, explicando (¿eliminando?) los detalles descriptivos como "simbólicos" (aunque muy pocos llegan a describir la realidad que hay detrás de los "símbolos"). Considere las siguientes contribuciones de la Iglesia de Inglaterra.

Al arzobispo George Carey de Canterbury, en una entrevista para *Reader's Digest*, le preguntaron si todavía creía en el infierno y respondió: "¡Sí! El infierno es una separación. No es un pozo de fuego ni nada por el estilo, sino un lugar de separación de Dios para aquellos que rechazan voluntariamente a Dios" (lo que hace que uno se pregunte por qué Jesús eligió el lenguaje de "fuego", en lugar de "separación").

El arzobispo John Habgood de York, en la revista diocesana, dijo que creía que el infierno era una "experiencia interna" y que los "fuegos" se basan en una mala traducción de la Biblia. Continuó: "Nos hemos librado de esas imágenes de horror de almas atormentadas y demonios con sus tenedores para tostar que arruinaron la vida de muchos de nuestros antepasados" (note cómo ha caricaturizado el lenguaje de Jesús sobre el "fuego" adornándolo con detalles extraños antes de descartarlo).

Incluso los anglicanos evangélicos, que defienden la inspiración y la autoridad de la Biblia, se han mostrado reacios a expresar sus opiniones. Solo después de años de silencio hablado y escrito, John Stott, un reconocido líder de esta corriente, fue provocado por el prominente anglicano liberal David Edwards en un debate publicado (*Essentials*, Hodder and Stoughton) a admitir que era un "aniquilacionista" (el infierno es el olvido; vea más abajo). Esto ha animado a muchos otros a adoptar este punto de vista o a admitir que ya lo tenían. De hecho, ha habido una sucesión de anglicanos evangélicos inclinados a adoptar esta postura (Guillebaud, Atkinson, Wenham, France, Green), aunque otros (Lucas) se han mantenido en la interpretación tradicional.

Resulta sorprendente que los que adoptan el nuevo punto de vista se muestren muy inciertos a la hora de predicarlo. ¿Por qué esa cautela? Podría ser que los que tienen dudas sobre la enseñanza tradicional no están todavía lo suficientemente seguros de su nueva posición como para desafiar siglos de convicción cristiana. O puede haber un temor a arriesgar su reputación como defensores "sólidos" de la fe (con más probabilidades de sufrir entre los evangélicos que entre los liberales).

¿O es simplemente que se dan cuenta de que esas opiniones revisadas sobre el infierno le quitan su carácter temible y neutralizan efectivamente su potencial para afectar el comportamiento? En otras palabras, si el infierno no es un tormento consciente y continuo, sino simplemente la nada, no tiene ningún sentido predicarlo.

La evidencia apunta a esta última conclusión. La enseñanza tradicional ha sido rechazada a sabiendas. ¿Por qué motivos? Se pueden agrupar en dos categorías: las que son personales y subjetivas, y las que son teológicas y objetivas. Los consideraremos en este orden.

AVERSIÓN PERSONAL

A muchos simplemente les desagrada la idea de que exista el infierno. Lo encuentran incómodo al punto de ser intolerable. Su rechazo es más intuitivo que considerado.

A veces se debe a una distorsión imaginaria, o aun instruida, de los datos bíblicos, que se han centrado en fantasías sensacionalistas, incluso sensuales. Una reacción exagerada puede ser el resultado de una presentación falsa.

Pero la exageración no explica toda la intolerancia. Merece la pena estudiar por qué a muchos les resulta tan difícil considerar el infierno de forma objetiva.

Se ha convertido en algo habitual ver la personalidad humana como tripartita: corazón, mente y voluntad. Utilizaremos estas tres dimensiones para avanzar en nuestras investigaciones.

Algunos tienen una reacción *emocional* ante el infierno. Consideran que la idea de que alguien sufra tal tormento, especialmente personas que han conocido y amado, es demasiado desagradable de contemplar; de hecho, es insoportable. Las personas con mayor capacidad de empatía son las que más problemas tienen en este sentido. A veces se expresa en la protesta: "¿Cómo podría disfrutar del cielo mientras alguien que conocí está en el infierno?". Esa angustia está muy alejada del hedonismo ingenuo que evita lo desagradable a toda costa, y debe ser tomada en serio. Es compartir el tipo de dolor que debió sentir Jesús por Judas. Pero, en última instancia, uno tiene que decidir si su "solidaridad" es con el Creador santo o con sus criaturas pecadoras.

Algunos tienen una reacción *intelectual*. La mente moderna, que se considera sofisticada y refinada, rechaza el infierno como algo bárbaro y primitivo. Esos métodos para tratar con miembros recalcitrantes de la raza humana se consideran burdos y crueles, y ni siquiera deberían discutirse en una sociedad civilizada. Pertenecen a una fase obsoleta del desarrollo evolutivo de la comunidad humana, y es un signo de nuestra madurez que ya no necesitemos este tipo de sanciones.

Algunos tienen una reacción *moral*. La psicología y la sociología han dejado su huella. Somos considerados menos responsables de nuestros actos. La vida nos viene determinada por nuestra herencia y nuestro entorno. Los inadaptados deben ser considerados como pacientes o víctimas en lugar de rebeldes o delincuentes. El castigo solo puede justificarse si es reformador o disuasorio; la retribución es un concepto anticuado. No hay que hacer sufrir a los pecadores. Necesitan un hospital, no el infierno.

La implicación de estas reacciones es que el infierno es inaceptable para una sociedad bien adaptada, madura e integrada. El hombre "mayor de edad" ha dejado atrás esas imágenes infantiles. Las tres reacciones son naturales y normales.

Sin embargo, todavía nos enfrentamos al problema de que debemos la mayor parte de nuestros conocimientos sobre el infierno al propio Jesús. Ciertamente no era un ser humano corriente, pero ¿quién se atrevería a llamarlo anormal? Ha sido universalmente aclamado como cuerdo, equilibrado y totalmente integrado. Su ética es reconocida como la vara de medir de la moralidad. Sin embargo, fue él quien nos advirtió sobre el infierno, y solo él.

¿Será que somos nosotros los anormales? ¿Que nuestras reacciones revelan la predisposición prejuiciosa de nuestra propia naturaleza caída? ¿Que nuestra objeción de fondo se debe al conocimiento instintivo de nuestra culpabilidad y al consiguiente temor a un ajuste de cuentas final?

Si es así, incluso nuestras reservas "objetivas" podrían resultar ser racionalizaciones veladas. Examinémoslas.

ARGUMENTOS PERSISTENTES

No hay nada nuevo bajo el sol, sobre todo en el ámbito de ataques a la fe cristiana. A lo largo de los siglos, se han repetido los argumentos contra la enseñanza de la iglesia sobre el infierno, incluso desde las filas de sus propios maestros.

El enfoque es tanto teológico como lógico. Por lo general, partiendo de la premisa de uno de los atributos de Dios, se deduce que el infierno es sencillamente inconsistente con lo que Dios ha revelado sobre sí mismo. Tres silogismos de este tipo han dominado el campo.

El infierno se considera incompatible con el *amor* de Dios.

Creyendo que su amor es aquel atributo que incluye todos los demás, el amor se convierte en el único principio absoluto de su comportamiento (y por tanto del nuestro). Puesto que nosotros nunca enviaríamos a nadie al infierno, es inconcebible que un Dios cuyo amor es infinitamente mayor que el nuestro contemple siquiera la posibilidad de hacer algo así. El argumento depende, por supuesto, de que tengamos una comprensión cabal de lo que es el verdadero "amor", pues solo entonces podríamos proyectar esos sentimientos sobre Dios. Por desgracia, nuestra definición suele ser más sentimental que bíblica (¿qué haríamos con un pariente o amigo cercano que resultara ser un asesino psicópata al que hubiera que aislar permanentemente de la comunidad?). Quizás necesitamos reconsiderar la naturaleza del verdadero amor, antes de acusar a Dios de ser poco amoroso si envía a alguien al infierno.

El infierno se considera incompatible con la *justicia* de Dios.

La esencia de la fe es que Dios es bueno, que debe ser totalmente justo en todos sus tratos con nosotros. "El Juez de toda la tierra, ¿no ha de hacer lo que es justo?" fue el osado cuestionamiento de Abraham al Todopoderoso (Gn 18:25). Por lo tanto, el castigo debe corresponder al delito, o al menos guardar cierta proporción con él. ¿Cómo pueden unos pocos años de pecado justificar el castigo eterno? ¿Y no sería esto no discriminar entre pecados "ligeros" y "pesados"? ¿No sería totalmente injusto que los culpables de delitos leves sufrieran el mismo destino que los culpables de crímenes atroces? En este contexto se plantea con frecuencia la pregunta: "¿Qué pasa con los que nunca han oído?" (es decir, sobre la expiación y el perdón en Cristo). La sensibilidad ante la injusticia es universal en la humanidad, desde la infancia ("No es justo"). Seguramente Dios debe tener la misma perspectiva, solo que en mayor medida. Por supuesto, esta línea de argumentación supone que comprendemos la gravedad del pecado. Pero ¿podemos ser objetivos al respecto, ya que el pecado es nuestra experiencia común, pero la santidad nos es desconocida?

El infierno se considera incompatible con el *poder* de Dios.

Si es omnipotente, puede hacer todo lo que se proponga, incluso encontrar la manera de salvar a todos los seres humanos. Si algún ser humano está finalmente (y permanentemente) en el infierno, entonces Dios ha fracasado y debe vivir con su frustración. El infierno sería un monumento a su debilidad, ya que sus criaturas han sido capaces de resistirse a él y, por tanto, han demostrado ser más fuertes que su Creador. Algunos encuentran una solución a este dilema en su dogma de la "doble predestinación": La voluntad soberana de Dios decidió de antemano quién iría al cielo y quién al infierno; fue la decisión de él, no la de ellos (y, puesto que todos merecen ser consignados al infierno, es un acto de misericordia elegir a algunos para el cielo). Pero esta teoría crea más problemas de los que resuelve, al proteger su poder introduciendo una arbitrariedad que entra en conflicto con otros aspectos de su carácter y deseos revelados (1 Ti 2:3, por ejemplo).

De hecho, todos estos argumentos contienen el mismo defecto fatal. Exaltan un atributo divino a expensas de otros; enfatizan una parte en detrimento del conjunto. Pero Dios es una personalidad completa, justa y misericordioso, santo y compasivo, amable y severo. Sus atributos se combinan y se califican mutuamente. Sobre todo, al haber creado criaturas con capacidad de elección, no las obligará a amarlo y servirlo, lo que frustraría su propósito de tener una familia más numerosa. En última instancia, los seres humanos son libres de resistir a su Espíritu y rechazar su salvación, para siempre.

La respuesta decisiva a estas críticas "objetivas" es la misma que para las reacciones "subjetivas": el hecho de que es el propio Jesús quien nos dijo lo que sabemos sobre el infierno. Su conocimiento único de Dios fue la comprensión de un Hijo único de su Padre. Sería audaz, si no descarado, sugerir que tenemos una mejor comprensión del amor, la justicia y el poder de Dios que él. Sin embargo, él no vio ninguna contradicción entre los atributos y las acciones de Dios. Enseñó a sus discípulos: "Teman más bien al que puede destruir alma y cuerpo en el infierno" (Mt 10:28; vea Estudio de escrituras A).

Antes de pasar a estudiar la enseñanza de Jesús en detalle, hay otro aspecto del pensamiento contemporáneo que hay que analizar. Es posible que el lector ya se haya planteado la pregunta: ¿qué proponen en su lugar los que rechazan el concepto tradicional?

ALTERNATIVAS PROPUESTAS

Hay dos contendientes para la vacante: los "liberales" optan por el "universalismo", mientras que los "evangélicos" optan por el "aniquilacionismo".

El *universalismo* es la creencia de que todos acabarán en el cielo. La salvación es universal: es para todos los miembros de la raza humana.

Algunas escrituras parecen alentar ese optimismo. "Pero yo, cuando sea levantado de la tierra, atraeré a todos a mí mismo" (Jn 12:32). "Así como una sola transgresión causó la condenación de todos, también un solo acto de justicia produjo la justificación que da vida a todos" (Ro 5:18). "Dios ha sujetado a todos a la desobediencia, con el fin de tener misericordia de todos" (Ro 11:32). "…Dios nuestro Salvador, pues él quiere que todos sean salvos y lleguen a conocer la verdad" (1Ti 2:3-4). "La gracia de Dios se ha manifestado para salvación a todos los hombres" (Tit 2:11). "Él es el sacrificio por el perdón de nuestros pecados, y no solo por los nuestros, sino por los de todo el mundo" (1Jn 2:2).

Han surgido opiniones universalistas a lo largo de la historia de la iglesia, desde Orígenes en el siglo III hasta Barth en el XX. Suelen estar vinculadas a la visión griega del hombre como un alma inmortal en un cuerpo mortal. Se rechaza firmemente la idea de que tal "alma inmortal" pueda finalmente "perderse". No obstante, es necesario distinguir entre dos variantes de esta perspectiva, que podrían denominarse "antigua" y "moderna".

La versión antigua era que todo el mundo *será* salvado, tarde o temprano. Esto implica una "segunda oportunidad" (y una tercera, cuarta, quinta y así sucesivamente, de ser necesario) después de la muerte (lo que Tennyson llamó "la esperanza mayor"). A veces se apela al hecho de que Jesús predicó a los muertos como apoyo (1P 3:18-4:6); vea Estudio de escrituras H). En otras palabras, no hay fecha de cierre para las solicitudes de visado para el cielo.

Si hay algún tormento (temporal), el infierno es un remedio, incluso un incentivo, ya que siempre es posible escapar. Las puertas del infierno pueden abrirse desde dentro. ¡Esta "breve y fuerte conmoción" debería bastar para persuadir a todos sus habitantes a salir! Este programa debe distinguirse del dogma católico romano del purgatorio (que es un castigo involuntario y variable para los salvos que no son suficientemente santos para ir directamente al cielo; los pecadores siguen yendo al infierno).

La versión más reciente es que todo el mundo *ha sido* salvado, ya. Cristo ha llevado a cabo una redención cósmica. El mundo no necesita ser salvado, solo iluminado sobre su nuevo estatus en esta era de Anno Domini. La expiación ha vuelto obsoleto el juicio. Este tipo de pensamiento también favorece las nociones de la paternidad universal de Dios y la hermandad universal del hombre, ambas muy afines a la "nueva era" del humanismo.

El papa Juan Pablo II parece haber hecho suya esta doctrina: "El hombre —todo hombre sin excepción alguna— ha sido redimido por Cristo y . . . con el hombre, con cada hombre sin excepción alguna, Cristo está en cierto modo unido, aun cuando el hombre no sea consciente de ello" (citado por Stott en *Essentials*, p. 325, Hodder and Stoughton). Al predicar este "evangelio", el énfasis pasa de la expiación de Cristo a su encarnación.

Si bien estas opiniones pueden parecer respaldadas por algunos versículos de la Biblia, tanto los textos específicos como el tenor general de la Biblia apuntan en una dirección muy diferente. El Nuevo Testamento divide sistemáticamente a la raza humana en dos categorías. Las personas son benditas o malditas, se salvan o se pierden, van al cielo o al infierno. Esta polarización puede resultar profundamente ofensiva para la mente moderna, pero es claramente parte integral de la doctrina apostólica. Los evangélicos, incapaces de aceptar el universalismo, han optado por una alternativa, el aniquilacionismo.

El *aniquilacionismo* es la creencia de que solo los "santos" sobrevivirán y vivirán para siempre; los pecadores serán totalmente erradicados.

A la creencia griega en la inmortalidad del alma se opone el concepto hebreo de la resurrección del cuerpo. El hombre es un alma mortal que necesita un cuerpo inmortal para vivir eternamente (1Co 15:53). La inmortalidad es un don sobrenatural de Dios, no una propiedad natural del hombre. Los pecadores no recibirán este don. Se convertirán en una especie extinguida. Nuevamente, hay dos variaciones sobre el tema, que deben ser notadas.

Algunos dicen que la extinción ocurre en la *primera* muerte. Aquellos que no han recibido la vida eterna antes de morir dejan de existir cuando mueren. Técnicamente, este punto de vista se conoce como "inmortalidad condicional". Si es cierta, millones de personas ya han pasado al olvido.

Sin embargo, esto no hace justicia a las escrituras que hablan claramente de una futura resurrección y juicio para todos los seres humanos, tanto justos como malvados. De lo contrario, ¡sería una muy buena noticia para los pecadores que no quieren salvarse! Si pueden escapar de las consecuencias de su pecado hasta que mueran, se habrán librado por completo.

Más personas dicen que la extinción ocurre en la *segunda* muerte. El espíritu sobrevive a la muerte del cuerpo, solo para ser relegado al olvido después de haber sido "resucitado" en el juicio final.

Las opiniones varían en cuanto a la cantidad de sufrimiento consciente que se experimentará en el camino hacia el olvido, ya sea antes del día del juicio (en el estado intermedio), durante el mismo (la vergüenza y la desgracia de ser declarado culpable) o después (durante un período variable). Algunos piensan que el espíritu está inconsciente entre la muerte y la resurrección ("sueño del alma"), lo que descartaría la primera de las tres posibilidades.

Para todos los culpables, el infierno sería un lugar de incineración más que de encarcelamiento. Termina en nada, ya sea inmediata o finalmente. De nuevo, es difícil evitar la conclusión de que esto sería una buena noticia para los pecadores que no quieren ser salvados. Hay una "esperanza en el infierno", y un final, y por tanto una salida, de su tormento.

El apoyo se encuentra generalmente en el vocabulario de las escrituras, más que en cualquier declaración específica. Sustantivos como "fuego" y "muerte", junto con verbos como "perecer", "destruir" y "consumir", cuando se toman en su sentido más claro, sin duda implican extinción. Los eruditos griegos señalan que la palabra para "eterno" (*aionios*) significa "que existe mucho tiempo" más que "eterno". La ambigüedad de estos términos se examinará en el próximo capítulo.

También hay un argumento teológico que, a primera vista, parece tener un peso considerable. Se basa en tres textos clave del Nuevo Testamento (que citamos en orden inverso para indicar más claramente el orden lógico del caso). "Para que ante el nombre de Jesús se doble toda rodilla en el cielo y en la tierra y debajo de la tierra, y toda lengua confiese que Jesucristo es el Señor, para gloria de Dios Padre" (Fil 2:10-11). "Él nos hizo conocer el misterio de su voluntad conforme al buen propósito que de antemano estableció en Cristo, para llevarlo a cabo cuando se cumpliera el tiempo, esto es, reunir en él todas las cosas, tanto las del cielo como las de la tierra" (Ef 1:9-10). "Y, cuando todo le sea sometido, entonces el Hijo mismo se someterá a aquel que le sometió todo, para que Dios sea todo en todos" (1Co 15:28).

A partir de estos versículos, se argumenta que esta inclusión total última de todas las criaturas en el reino de Cristo y su Padre excluye la posibilidad de la supervivencia eterna de cualquiera que se haya resistido a su gobierno. De paso, es intrigante observar que los universalistas utilizan exactamente las mismas referencias y argumentos para llegar a una conclusión muy diferente. Es necesario enfrentar el reto de manera honesta: ¿cómo pueden resumirse todas las cosas en Cristo y ser Dios todo en todos si el infierno y sus habitantes siguen existiendo?

Dos comentarios parecen apropiados. En primer lugar, una lectura cuidadosa de los textos pertinentes revela una interesante omisión en algunos de ellos. Aunque las criaturas "bajo la tierra" reconocerán el señorío de Cristo, no están incluidas en la reconciliación de "todas las cosas" lograda por Cristo (Col 1:20) ni en la consumación de "todas las cosas" en Cristo (Ef 1:10); ambas se limitan a "las cosas del cielo y de la tierra". La palabra "todo" claramente necesita ser matizada por su contexto en cada caso.

En segundo lugar, es obvio que los criminales excluidos de la sociedad por el encarcelamiento siguen estando bajo la autoridad de su soberano (en el Reino Unido los lugares de detención se llaman "Prisiones de Su Majestad"). ¡Algunos dirían que esas personas están incluso más bajo la ley del gobernante que los ciudadanos libres! Del mismo modo, el infierno seguiría estando bajo el gobierno de Dios, es decir, dentro de la esfera de su autoridad universal (veremos que, incluso cuando se hayan establecido el nuevo cielo y la nueva tierra y se haya habitado la nueva Jerusalén, todavía hay quienes están "afuera" de la ciudad; Ap 22:15).

Nuevamente, los argumentos que parecen ser lógicos, cuando se examinan más de cerca, no son totalmente consistentes con las escrituras ni totalmente convincentes para la persona que busca la verdad. En este punto, será mejor que expliquemos cómo pretendemos proceder a partir de aquí.

Si bien ha sido correcto y necesario trazar el esquema del debate contemporáneo y llamar la atención sobre algunos puntos débiles de los diferentes puntos de vista, hemos elegido deliberadamente no responder a cada posición en profundidad o en detalle. Esto habría alargado mucho estos capítulos introductorios y probablemente habría dejado al lector en una situación de considerable desconcierto. En todo caso, dado que este libro está escrito principalmente para discípulos de Jesús, es innecesario llegar a tales extremos. Para ellos, la enseñanza de nuestro Señor es decisiva. Si otras teorías parecen están en desacuerdo con sus palabras debidamente interpretadas, entonces no pueden ser correctas, por muy impresionante que sea su lógica.

De modo que parece correcto en esta etapa examinar la enseñanza de Jesús mismo. Si él enseñó claramente que cualquier ser humano sufriría un tormento sin fin en el infierno, entonces tanto las alternativas del universalismo como del aniquilacionismo quedan, ipso facto, descartadas como error. Entonces, ¿qué dijo?

3

LA REALIDAD

Jesús mismo es la fuente principal, si no la única, de lo que sabemos sobre el infierno. Sin sus enseñanzas, sería casi imposible proporcionar una descripción, y mucho menos formular una doctrina.

Esto debe sorprender a aquellos que parecen deleitarse en introducir cuñas en las escrituras, separando lo que Dios ha unido, creando virtualmente "un canon dentro de un canon" (es decir, utilizando una parte de la Biblia como estándar para juzgar las demás partes). Por ejemplo, muchos (desde el hereje Marción en adelante) han intentado establecer un contraste entre un Dios colérico y vengativo en el Antiguo Testamento y un Dios amoroso y perdonador en el Nuevo. Incluso dentro del Nuevo, algunos han acusado a Pablo de introducir nociones legalistas y judiciales en el "simple evangelio" del amor que proclamó Jesús. Todas esas distinciones se hunden en la roca de la enseñanza de Jesús sobre el infierno.

No obstante, ha habido intentos de neutralizar, o al menos matizar, sus advertencias, tres de las cuales las acusan de:

1. Información poco fiable. Se tacha de inexacto el registro evangélico. Las referencias al infierno pueden reflejar el pensamiento de la iglesia primitiva, pero no pueden ser atribuidas a Jesús.
2. Condicionamiento cultural. Jesús utilizaba ideas contemporáneas para comunicar principios espirituales. Por ejemplo, la "parábola" del hombre rico y Lázaro utiliza las formas de pensamiento de los oyentes de Jesús y no revela necesariamente sus propias creencias sobre la vida después de la muerte.
3. Advertencia existencial. Jesús utilizó esta amenaza del infierno para motivar a sus oyentes, siendo él mismo plenamente consciente de que la amenaza nunca se cumpliría en la práctica.

Las tres "explicaciones" incluyen alguna acusación de deshonestidad. Es más probable que encontremos esta hipocresía en quienes proponen las teorías, disimulando el hecho de que realmente están motivados por una intensa aversión a las enseñanzas de Jesús sobre este tema. ¿Por qué no hay tales objeciones a su enseñanza sobre el amor o el cielo?

Antes de estudiar lo que dijo sobre el infierno, deberíamos preguntarnos si confiamos en él lo suficiente como para creer que lo que dice es la verdad. Utilizó repetidamente la frase: "De cierto, de cierto" o "En verdad, en verdad" (en hebreo: "Amén, amén"), subrayando así constantemente su veracidad. Él planteaba frecuentemente la cuestión de la confianza personal en sus palabras. "Si les he hablado de las cosas terrenales, y no creen, ¿entonces cómo van a creer si les hablo de las celestiales?" (Jn 3:12). Al hablar del futuro, aseguró a sus discípulos que nunca los dejaría con una impresión equivocada: "Si no fuera así, ya se lo habría dicho a ustedes" (Jn 14:2). Continuó afirmando que no solo decía la verdad, sino que él mismo era "la verdad" (Jn 14:6). Si no podemos confiar en las advertencias de una persona así sobre el infierno, ¿podemos confiar en lo que dice sobre cualquier otra cosa?

Dado que el infierno no forma parte de este mundo, ni en el tiempo ni en el espacio, no tenemos ningún otro medio de averiguar nada sobre él, salvo por revelación de Dios. Jesús afirmó traer esa revelación y no decir nada que Dios no le dijera primero (Jn 8:28). Esto es la verdad o una mentira. Cada lector tendrá que decidir al respecto, preferiblemente antes de seguir adelante.

Una vez resuelta esta cuestión básica, podemos estudiar las palabras registradas de Cristo. La mayoría de las referencias al infierno se encuentran en los cuatro evangelios. En los tres "sinópticos" más que en Juan, y en Mateo más que en Marcos o Lucas (el significado vital de esta distribución desigual surgirá en el capítulo 4).

Pero hay algunas afirmaciones cruciales en el último libro de la Biblia, Apocalipsis. Este también contiene las palabras de Jesús; en esta ocasión, lo que dijo después de su ascensión al cielo.

Por lo tanto, casi toda nuestra información sobre el infierno proviene de los labios de aquel cuyo conocimiento del Padre era el de un Hijo único. Afirmar que un Dios de amor nunca enviaría a nadie al infierno es pretender tener un mejor conocimiento de su carácter que el propio Jesús.

En realidad, Jesús no creía que su Padre consignaría a nadie al infierno. Afirmó que él mismo, el Hijo del Hombre, sería el juez que dictaría la sentencia (Mt 25:41; cf. Hch 17:31). Y el factor decisivo para llegar al veredicto sería la actitud de los acusados hacia el propio Jesús, tal y como se revela en su trato con sus "hermanos" (vea Estudio de escrituras C).

Ha llegado el momento de examinar en detalle su descripción del infierno. Consideraremos primero el ambiente externo y luego la experiencia interna: cómo es el lugar y luego cómo será para las personas que se encuentren en él.

DESCRIPCIÓN TEMIBLE

Jesús era un excelente maestro. Utilizaba la metáfora y la analogía, partiendo de lo conocido como "imagen" de lo desconocido. Este lenguaje de imágenes hace que la verdad sea vívida y real, ayudando a los oyentes a "ver" la verdad.

Las mentes sofisticadas prefieren lo abstracto a lo concreto y desprecian las analogías simples, desechándolas como "meros" símbolos. Necesitan escuchar la siguiente reprimenda, tomada de un libro alemán sobre nuestro tema (*Wat is de Hell?* de Schilder, p. 40): "Que nadie diga que es *solo* simbólico y, *por tanto*, no tan terrible. Por mera inversión se podría decir: si el símbolo, la mera imagen, ya es sobrecogedor, ¡qué horrible debe ser el original (lo real)!".

Entonces, ¿cómo "retrató" Jesús el infierno? La respuesta está en el nombre que solía darle: Gehena, que significa "el valle de Hinón".

Se trata de un lugar geográfico real, un profundo desfiladero al oeste y al sur de Jerusalén. Desde ahí, se puede ver la ciudad, pero la mayor parte es invisible para la ciudad. Pocos turistas lo visitan o siquiera son conscientes de él.

El valle tiene una historia siniestra. En una etapa de las infidelidades idolátricas de Israel, se convirtió en un centro de culto a Moloc, una deidad amonita que exigía el sacrificio de niños vivos en espantosas orgías. Jeremías predijo: "vendrán días en que este lugar ya no se llamará Tofet, ni Valle de Ben Hinón, sino Valle de la Matanza" (Jer 19:6).

En parte por esta razón y en parte por su conveniente ubicación y profundidad, el valle se convirtió en el basurero de la ciudad. La puerta sur que da al valle se llama hasta hoy "Puerta del Estiércol", lo que habla por sí mismo. Todas las aguas residuales y la basura de una gran ciudad se "arrojaban" (nótese el término) a la Gehena.

Los residuos se reducían de dos maneras: incineración por fuego de lo que era combustible e ingestión por gusanos de lo que era digerible. Los escarpados acantilados confinaban el calor y el olor (su punto más bajo era demasiado profundo para que el sol penetrara).

Lo visité en 1961, cuando todavía se utilizaba para la eliminación de residuos. Era un espectáculo lúgubre, sucio y repugnante, que me dejó profundamente deprimido. Desde entonces, todo el lugar ha sido desbrozado, limpiado y ajardinado como un parque, ¡donde los amantes pasean y el romance florece! Una tragedia exegética, ¡pero un triunfo ecológico!

En la época de Jesús también tenía asociaciones criminales. Los cadáveres de criminales crucificados eran "arrojados" a la Gehena (la máxima desgracia para un judío era no ser enterrado). Este hubiera sido el destino del propio Jesús si José de Arimatea no hubiera acudido al rescate ofreciendo su propia tumba. Más irónico aún, fue aquí donde uno de los doce apóstoles se suicidó ahorcándose. La cuerda se rompió y Judas Iscariote se estrelló contra el fondo del valle, derramando sus entrañas en lo que más tarde se conoció como el "Campo de la sangre". Pedro resumió con precisión el sórdido episodio diciendo que Judas fue "al lugar que le correspondía" (Hch 1:25).

Jesús no podría haber elegido una analogía más apropiada. Está diciendo que los seres humanos, hechos a imagen y semejanza de Dios y para su servicio, pueden "perecer" de tal manera que están arruinados para el propósito para el que fueron hechos. Los inútiles son desechados. El infierno es el basurero de Dios para vidas desperdiciadas. Tal es el trágico destino de los "perdidos". Pero ¿cómo será para los que lleguen a este espantoso final? ¿Habló Jesús de los sentimientos de las personas así como de los hechos del lugar? A diferencia de algunos predicadores del "fuego del infierno", Jesús no se detuvo en los detalles escabrosos ni "colgó a sus oyentes sobre la fosa". Sin embargo, sus comentarios sobrios comunican el horror de forma aún más eficaz. La "vida" en el infierno se describiría mejor como una muerte en vida. La perdición tiene cinco dimensiones, que se indican a continuación.

Es un lugar de *incomodidad física*. Debemos recordar que el infierno es un lugar real para personas con cuerpos reales (esto se aclarará más adelante en este capítulo). Por lo tanto, la alta temperatura y la consiguiente sed pueden tomarse en serio, al igual que el repugnante olor (el azufre, o sulfuro, es el ingrediente básico de muchos malos olores, especialmente los asociados a la descomposición y la putrefacción). Quizá el aspecto "físico" más aterrador sea la condición de oscuridad absoluta, de modo que los videntes estarán prácticamente ciegos.

Es un lugar de *depresión mental*. Una de las expresiones más frecuentes de Jesús fue "llanto y rechinar de dientes". Esta frase combina dos emociones muy diferentes: pena e ira. Sin embargo, se combinan en frustración. Saber lo que podría haber sido y que ahora nunca podrá ser produciría exactamente el estado que describe Jesús, y la angustia que une la tristeza y el resentimiento, ambos sentimientos egocéntricos. Por cierto, todo esto implica claramente la continuidad de la memoria.

Es un lugar de *depravación moral*. Es una ilusión que algunos seres humanos son intrínsecamente peores que otros: pervertidos bestiales, criminales empedernidos. Si quitamos las máscaras y retiramos la mano restrictiva de Dios, todos quedaríamos revelados como lo que realmente somos. Pablo nos da una idea de lo que ocurre cuando los hombres renuncian a Dios y éste responde renunciando a los hombres: las debilidades ocultas se manifiestan abiertamente (Ro 1:24-32). El infierno completará este proceso. Estar separado de Dios es estar separado de la bondad, de la que él es la única fuente.

Es un lugar de *desolación social*. El existencialista Sartre decía que "el infierno son los demás". Pero vivir para siempre con el propio yo egocéntrico es peor. El infierno puede estar lleno de gente, pero es posible estar desesperadamente solo en una multitud, especialmente si hay una ausencia total de amor, simpatía y bondad. El hombre rico de Lucas 16 (vea Estudios de escrituras E) parece estar solo en su agonía, sin nadie a su alrededor a quien pueda pedir compasión o ayuda. Jesús describió el infierno como estar excluido de una fiesta (Lc 13:28ss).

Es un lugar de *muerte espiritual*. Se lo llama "la segunda muerte". La muerte es separación. El infierno es separación de Dios. Está "afuera". No habrá adoración allí, porque no habrá Dios para adorar. La oración será igualmente inútil. Cuando se ha perdido todo contacto con lo divino, lo humano también desaparece. La imagen de Dios queda totalmente desfigurada. La desintegración personal es inevitable.

La ausencia de Dios es igualada en horror por la presencia de Satanás, la fuente de todo mal. Miles de sus "ángeles" (desde su rebelión contra el cielo, se los conoce como "demonios") engrosarán la población, contaminando la atmósfera con sus sucios pensamientos, palabras y actos. La ausencia de toda virtud irá acompañada de la presencia de todos los vicios. No es de extrañar que Jesús se dirigiera a los condenados a esa compañía como "malditos" (Mt 25:41).

Tanto en los Evangelios como en Apocalipsis, la palabra "tormento" (*basanismos* y sus cognados) aparece con bastante frecuencia. Similar a "tortura", significa dolor consciente, ya sea físico o mental.

Es casi imposible imaginar la *profundidad* de ese tormento, pero a menudo se plantean preguntas sobre su *duración*. ¿Cuánto durará la agonía? ¿Terminará alguna vez? Antes de responder a esta pregunta necesitamos abordar otra: ¿cuándo comenzará?

DISPENSACIÓN FUTURA

Hay dos mitos comunes sobre el infierno. Uno es que el lugar ya existe y el otro es que ya está habitado. Ninguno es bíblico. Ambos han fomentado la noción de que los seres humanos van al infierno (o al cielo) cuando mueren.

Al igual que el cielo, el infierno está siendo "preparado" (compare Jn 14:2 con Mt 25:41). Ninguno formaba parte de la creación original. Ambos están siendo preparados para su uso en el futuro, después del Día del Juicio, que aún no ha tenido lugar.

De ello se deduce que, sea cual sea la fase de preparación que haya alcanzado, el infierno sigue sin estar habitado (por lo que la historia contada al principio del capítulo 1 no suena a cierta). Inmediatamente surgen dos preguntas.

Primero, ¿dónde están ahora el diablo y sus ángeles demoníacos? La Biblia los ubica sobre y alrededor de la tierra (el príncipe de la potestad del aire va de un lado a otro en nuestro planeta, Job 1:7; Ef 2:2) y en los "lugares celestiales" (donde los encontramos cuando oramos, Ef 6:12). Algunos de ellos ya están encerrados en profundas mazmorras, esperando el juicio final (2P 2:4; Jud 6). Solo al final de la historia serán arrojados al "lago de fuego" (Ap 20:10).

Segundo, ¿dónde están todas las personas que ya han muerto? "Está establecido que los seres humanos mueran una sola vez, y después venga el juicio" (Heb 9:27), pero ¿qué ocurre entre un acontecimiento (una fecha diferente para cada uno de nosotros) y el otro (la misma fecha para todos)?

Para entender la revelación bíblica sobre el futuro es necesario comprender que la existencia humana tiene tres fases:

1. Espíritu encarnado: desde el nacimiento hasta la muerte;
2. Espíritu desencarnado: desde la muerte hasta la resurrección;
3. Espíritu encarnado: desde la resurrección hasta la eternidad.

Las preguntas espaciales que comienzan con "¿Dónde...?" solo son realmente pertinentes para la primera y la tercera fase, durante las cuales el cuerpo localiza al espíritu.

El cielo y el infierno son lugares para espíritus con cuerpo, y pertenecen a la tercera fase. Hasta el momento, constituyen una dispensación futura, aún no experimentada por ninguno. Por tanto, hay que distinguir entre el "estado intermedio" y el estado final de la vida humana.

Espíritus desencarnados en el hades
La muerte separa el cuerpo del espíritu. El cuerpo vuelve a su origen terrenal (mediante una rápida cremación o una lenta

corrupción) y el espíritu vuelve a su origen celestial (Ec 12:7).

Una cosa está muy clara: la muerte no es el fin de la existencia consciente de nadie. Los espíritus desencarnados sobreviven a la crisis. El cuerpo de John Brown puede yacer en su tumba, pero su "alma" sigue adelante.

El Antiguo Testamento no da mucha información sobre lo que sigue. Los muertos "duermen con sus padres". Su dirección es el *sheol* (la palabra hebrea, traducida en griego como *hades*), que es una palabra neutra para la morada de los difuntos, que no implica ni placer ni dolor. ¡Se ha descrito como una sala de espera de una estación a medianoche sin trenes hasta la mañana! Hay poca o ninguna expectativa de conciencia o comunicación allí.

Sin embargo, hay claros indicios de una existencia continua. Aunque la comunicación con los muertos estaba prohibida, la prohibición parece implicar la posibilidad de hacerlo. Saúl recurrió a una médium para ponerse en contacto con el difunto Samuel; la aparición resultante parece haber sido el artículo genuino y no un espíritu "familiar" (imitador). Job tenía la esperanza de un encuentro más allá de la tumba (Job 19:26). El salmista espera ser llevado a la gloria "después" (Sal 73:24).

El Nuevo Testamento transforma estos tentadores indicios en certezas absolutas. Jesús afirma que su padre *es* (no era) el Dios de Abraham, Isaac y Jacob, que estos tres siguen, por tanto, "vivos", y que Abraham se alegró de presenciar el advenimiento de Jesús. En el Monte de la Transfiguración, Jesús conversó con Moisés y Elías (sobre el "éxodo" que iba a realizar en Jerusalén; Lc 9:31). Dios es el Dios de los vivos, no de los muertos (Lc 20:38).

La frase "quedarse dormido" se sigue utilizando, pero ahora es claramente una descripción física del momento de la muerte en lugar de una descripción espiritual del estado después de la muerte. El espíritu puede ser llamado a volver al cuerpo vacante, como en el caso de la hija de Jairo, el hijo de la viuda de Naín (cerca de Sunén, donde Eliseo había resucitado al hijo de una viuda) y, sobre todo, Lázaro de Betania (después de que el cuerpo empezara a pudrirse).

En la "parábola" de Lázaro y el hombre rico, este último está consciente y se comunica en el "hades" (vea Estudio de escrituras E). Jesús le dice a un ladrón moribundo que estarán juntos en el paraíso el mismo día en que ambos murieron, poco consuelo si ambos estarían inconscientes (vea Estudio de escrituras F). Luego está ese extraordinario dato de que la muerte de Jesús liberó a personas que habían estado muertas por mucho tiempo de sus tumbas para que vagaran por Jerusalén, donde fueron vistos y reconocidos (Mt 27:52-53; vea Estudio de escrituras D).

La principal prueba de la supervivencia de la personalidad más allá de la muerte es, por supuesto, el propio Jesús que, en pocos días, pasó por las tres fases de la existencia humana. Aunque fue condenado a muerte en el cuerpo, fue revivido en el espíritu, y entre su muerte y su resurrección estuvo predicando a los que se habían ahogado en el diluvio en los días de Noé (1P 3:18-20; vea Estudio de escrituras H). Tanto él como ellos debían estar plenamente conscientes y ser capaces de comunicarse. Con las llaves del hades en su mano (Ap 1:18), Jesús podía entrar y salir libremente de la morada de los difuntos. Las puertas del hades no podían ser cerradas y trabadas contra él, ni contra su iglesia (Mt 16:18).

Pablo no disfrutaba precisamente de esta fase incorpórea; la llamaba estar "desvestido" (2Co 5:4). Sin embargo, en última instancia, prefería "ausentarse de este cuerpo y vivir junto al Señor". Morir sería una ganancia y "muchísimo mejor" (Fil 1:21-23), ¡un lenguaje que un activista como él nunca usaría del "sueño" inconsciente!

¿Pero dónde está el hades? ¿O es una cuestión irrelevante para espíritus incorpóreos? ¿Es una condición más que un lugar, una relación más que una región? ¿El espacio se vuelve relativo allí? ¿Y el tiempo también? ¿Parecerá una espera larga o corta?

¿Es un solo lugar para todos los muertos? ¿Por qué el término "hades" nunca se aplica a los justos en el Nuevo Testamento? ¿Es el "paraíso" una sección especialmente reservada? ¿Y es la "prisión" donde los ángeles rebeldes son mantenidos en custodia otra sección? ¿Dónde está el "seno de Abraham"? ¿Y el "gran abismo fijado"? ¿Han comenzado ya a sufrir los impíos? ¿Algunos ya han sido consolados y otros están desconsolados? ¿Es el hades un anticipo del infierno?

Aunque nos encantaría tener y dar respuestas a estas y otras muchas preguntas, el hecho es que la Biblia nos da muy poca información sobre este estado intermedio, aparte de consolar a los creyentes de que estarán "con el Señor". ¿Qué debemos hacer con esta escasez de información? Si creemos que la Biblia contiene todo lo que necesitamos saber para nuestra salvación, está claro que es innecesario saber más sobre este estado intermedio. Incluso podría ser indeseable, al centrar nuestra atención, y por tanto nuestra esperanza en el futuro, en el "lugar" equivocado. En otras palabras, la Biblia trata el estado intermedio como un interludio, y nosotros también deberíamos hacerlo. Sentir una curiosidad excesiva por el paradero actual de los muertos podría llevarnos a ese deseo de tener contacto con ellos que Dios, en su sabiduría, ha declarado distractor y peligroso para nosotros.

El mayor énfasis de la Biblia está puesto en el futuro final y no en el inmediato, que es mucho más importante precisamente porque es mucho más permanente.

Espíritus encarnados en el infierno

La resurrección reúne al cuerpo con el espíritu. Forma parte de la esencia de la fe cristiana decir: "Creo en la resurrección del cuerpo". ¿Pero qué significa esto?

No es *reencarnación*. Esta noción oriental enseña que volvemos a este mundo como alguien (o algo) diferente, con una nueva identidad. Según nuestros merecimientos, la próxima existencia será mejor o peor que esta.

No es *inmortalidad*. El concepto griego de un alma inmortal liberada de un cuerpo mortal está muy alejado del concepto hebreo de un alma mortal que se reviste de un cuerpo inmortal (no es de extrañar que los atenienses ridiculizaran a

Pablo cuando habló de esto; Hch 17:32; cf. 1Co 15:53). La inmortalidad no es un atributo natural del hombre, sino un acto sobrenatural de Dios.

No es *resucitación*. No es una reanimación del cuerpo viejo, que luego tiene que volver a morir (como en el caso de Lázaro), sino la creación de un cuerpo nuevo que no vuelve a morir (como en el caso de Jesús, hasta ahora el único que tiene un cuerpo glorioso "nuevo" así, ¡con ropas nuevas también!) El cuerpo que se entierra (o se incinera, o incluso se destruye totalmente) no es el cuerpo que resucitará en la resurrección (1Co 15:37-44).

Dios podría hacer una de dos cosas con un espíritu incorpóreo (aunque consciente). Podría aniquilarlo (ya que es mortal) o podría inmortalizarlo (encarnándolo de nuevo, esta vez en un cuerpo inmortal). La gran sorpresa es que ha elegido hacer esto último, no solo para los "justos", sino también para los "malvados". *Todos* los espíritus desencarnados serán reencarnados. Esta "resurrección general" es predicha por el profeta Daniel (Dn 12:2), afirmada por el propio Jesús (Jn 5:29), sostenida por el apóstol Pablo (Hch 24:15) y vinculada al juicio final en el Apocalipsis de Juan (Ap 20:5). Está implícito en muchos otros pasajes (Mt 5:29s; 10:28; 12:41s; Lc 14:14; 20:35; etc.).

En el juicio final, tanto la "muerte" (que hace que los espíritus se desencarnen) como el "hades" (la morada de los espíritus desencarnados) serán arrojados al "lago de fuego" (Ap 20:14). Dado que ambos son "cosas" y no personas, la implicación es que las llamas los consumirán en lugar de atormentarlos. En otras palabras, la era de los espíritus incorpóreos habrá terminado; a partir de entonces, toda la existencia humana estará encarnada.

El infierno pertenece entonces al futuro, no al presente. Nadie está todavía en el infierno, ni siquiera el diablo (si lo estuviera, no podría tener ninguna influencia en la tierra). Hemos respondido a la pregunta: ¿cuándo comenzará el infierno? En el Día del Juicio. ¿Cuándo terminará? ¿Terminará alguna vez? Esa es la cuestión crucial que debemos examinar ahora.

DURACIÓN FINAL

La descripción del infierno implica claramente una experiencia consciente, que se describe mejor con la palabra "tormento". Después de haber explorado la profundidad de este sufrimiento, ahora consideramos su duración. ¿Cuánto durará el tormento? Ya se han dado tres respuestas a esta pregunta.

Algunos piensan que será extremadamente *breve*. Suponen que no durará más de lo que el fuego tarda normalmente en causar la muerte. Por lo tanto, el tormento consciente será en gran medida mental y ocupará el intervalo entre el anuncio del veredicto y la ejecución de la sentencia.

Otros imaginan que será bastante más *prolongado*. Los indicios bíblicos sobre los diferentes grados de culpabilidad y la variación del castigo (por ejemplo, en Lc 12:47-48) se interpretan en términos de períodos de tiempo asignados que deben cumplirse. No obstante, ya sea corto o largo, el castigo terminará con la liberación, dirigiéndose hacia el cielo (según los universalistas) o hacia el olvido (para los aniquilacionistas).

La mayoría ha entendido que es *interminable*. Esta ha sido la visión tradicional de la iglesia durante muchos siglos. Pero ¿es la verdadera interpretación de las escrituras? Los reformistas protestantes ciertamente lo pensaban, al igual que los católicos romanos antes que ellos. Sin embargo, un número cada vez mayor de estudiosos contemporáneos, incluidos evangélicos, están cuestionando este supuesto.

Antes de examinar los datos, puede ser útil simplificar la discusión planteando una alternativa clara (sobre la base de que, una vez resuelta la cuestión básica, se aclararán todas las variantes). La verdadera cuestión es: ¿el tormento del infierno llega a un fin (ya sea antes o después) o es interminable? ¿Pertenece el infierno al mundo finito del tiempo o al mundo infinito de la eternidad? Para decirlo sin rodeos, incluso con crudeza, ¿ser "arrojado al infierno" es más parecido a ser encarcelado en un campo de concentración o ser incinerado en un crematorio?

Cuando nos encontramos por primera vez con el lenguaje y las imágenes bíblicas, la impresión inmediata es que la vida se extingue en el infierno. El fuego es normalmente destructivo, dejando irreconocible lo que consume. El fuego se ha utilizado habitualmente para ejecutar a criminales. La muerte es comparativamente rápida (mucho más que la crucifixión, que duraba entre dos y siete días) y mínimamente dolorosa (la víctima suele asfixiarse por el humo o la falta de oxígeno). ¿No tendría el "lago de fuego" (o "mar de llamas") el mismo resultado?

Otras palabras parecen apoyar esta especulación. Jesús dijo que el cuerpo y el alma serían "destruidos" en el infierno. Además, puesto que la primera muerte pone fin a la existencia en este mundo, ¿no será la "segunda muerte" la que ponga fin a la existencia en el otro mundo?

Dios mismo es descrito como un "fuego consumidor", tanto en el Antiguo como en el Nuevo Testamento (Dt 4:24; Heb 12:29). Resultaría un poco extraño que el infierno no "consumiera" lo que fuera (o a quien fuera) arrojado en él.

A la luz de esto, es al menos comprensible que algunos estudiantes de la Biblia hayan abrazado el aniquilacionismo. Podría decirse que el pensamiento está implícito en las palabras, aunque no se diga explícitamente.

Pero no es tan simple como eso. Las palabras pueden tener distintos significados, según el contexto en el que se utilicen. ¡La teología no puede vivir solo de la terminología! La revelación sobrenatural requiere algo más que la razón natural para desvelar sus secretos.

Por ejemplo, si bien el fuego suele "reducir a cenizas", hay ejemplos bíblicos en los que se comporta de forma muy diferente. Moisés se sorprendió de que la zarza no se "consumiera", aunque las llamas eran bastante reales; Sadrac, Mesac y Abednego ni siquiera se chamuscaron en un horno al rojo vivo (si el primer caso no era fuego "natural", el segundo sí lo era). Puede ser difícil para el hombre controlar el fuego, pero Dios no tiene ningún problema en hacerlo (como cuando lo dirigió al altar de Elías en Carmelo).

Sería perfectamente posible que Dios limitara el efecto "físico" del fuego a un calor intenso y a la incomodidad (que parece ser la situación exacta del pobre hombre rico en Lucas 16; vea Estudio de escrituras E). También se puede señalar que los que creen que el tiempo de tormento será variado antes de que termine ya han aceptado en principio que el fuego no es "natural", al menos en su efecto.

Así pues, el concepto de "fuego" en el infierno es ambiguo. Nuestra experiencia terrenal no puede tener la última palabra en nuestra exégesis. Tarde o temprano, todo fuego "natural" consume todo su combustible y se extingue. Jesús habló específicamente del fuego del infierno como inextinguible ("nunca se apaga"). También mencionó a los gusanos que nunca mueren (por lo que tampoco son "consumidos" por las llamas). Juan habla del humo que sube eternamente (Ap 14:11); es por lo menos desconcertante que esto sea así, mucho después de que el fuego haya terminado su tarea de destrucción.

Sorprendentemente, la palabra "destrucción" también es equívoca. La palabra griega más frecuente es *apollumi* y sus cognados. Ciertamente, puede utilizarse para la destrucción total de una persona o cosa, de modo que prácticamente deja de existir. Pero este no es su único significado o uso.

Es el adjetivo utilizado para describir la oveja "perdida", la moneda "perdida" y los dos hijos "perdidos" (en Lucas

15). Se utiliza para el vino "derramado" (del odre partido) y el perfume "desperdiciado" (que María derramó sobre Jesús), así como la comida "sobrante" (después de alimentar a los cinco mil). Está claro que la palabra abarca un amplio espectro de significados: desde la ruina irrecuperable hasta la inutilización. La palabra en inglés "perish" (español "perecer"/"estropearse", utilizada en Juan 3:16 para traducir la misma palabra) no es diferente en su alcance. Puede significar "dejar de existir" (como en "miles de personas perecieron en el terremoto") o "volverse inútil" (como en "esta bolsa de agua caliente se ha estropeado").

Incluso la palabra "muerte" puede interpretarse de diferentes maneras. Puede significar muerte espiritual, como en el caso de Adán (Gn 2:17) y sus descendientes (Ef 2:1). El hijo pródigo estaba "muerto" (para su padre) mientras estaba en la tierra lejana (Lc 15:32). Incluso cuando se utiliza en un sentido físico, no incluye necesariamente la extinción. Si la "primera muerte" no pone fin a la existencia consciente del individuo, la "segunda muerte" no tiene por qué hacerlo inevitablemente.

Hasta aquí, las pruebas no son concluyentes, y podrían interpretarse en ambos sentidos: continuar o dejar de existir. Pasamos ahora a una palabra que a primera vista podría parecer que resuelve la cuestión (y, de hecho, lo hace para muchos): la palabra "eterno". Esta palabra se aplica tanto al fuego mismo como al castigo que inflige (Mt 25:41, 46). El hecho de que se aplique exactamente el mismo adjetivo a la "vida" en el mismo pasaje ha sido uno de los argumentos más frecuentes a favor de la opinión tradicional de que el tormento en el infierno es interminable.

Escritos recientes han cuestionado esta conclusión de varias maneras. Uno de los enfoques prefiere la traducción "eternal", alegando que se refiere a una cualidad más que a una cantidad de vida (o muerte). La opinión mayoritaria se inclina ahora por una combinación de calidad y cantidad.

El adjetivo griego (*aionion*) se deriva de un sustantivo (*aion*, del que obtenemos nuestro "eón"), que ciertamente se refiere a un periodo de tiempo, una "edad" o una "era". Por tanto, el adjetivo significa lo que es característico de toda esa época, o lo que es "del largo de la edad". Esto puede significar un período de tiempo limitado o ilimitado, dependiendo de si la "edad" a la que se refiere es finita o infinita. En el pensamiento del Nuevo Testamento, la presente "edad mala" es limitada en el tiempo, pero la futura "edad venidera" es ilimitada. ¿De cuál de estas dos edades se deriva el carácter del infierno, de la edad que está pasando o de la edad que durará para siempre?

El adjetivo se utiliza más de setenta veces en el Nuevo Testamento. Casi sesenta de ellas, aplicadas tanto a personas como a cosas, indican claramente un estado permanente (cuarenta y tres califican la "vida" posibilitada por Jesucristo, que se supone que continúa para siempre). Asimismo, cuando se utiliza para calificar los atributos de Dios, se supone que son sus características permanentes. Solo siete veces se aplica al castigo de pecadores. Pero ¿significa entonces que dura toda una edad, que es prolongado pero limitado, o que es interminable?

Si la palabra misma deja abierta la cuestión, hay una frase del Nuevo Testamento que no admite discusión, a saber, "por los siglos de los siglos" (en griego: *eis tous aionas ton aionon),* que se traduce al español como "por los siglos de los siglos". No podría haber una expresión más enfática en la lengua griega para lo que entendemos por tiempo interminable. Dado que la Biblia aplica esta frase al infierno, cabría esperar que silenciara a los aniquilacionistas.

¡Pero no es así! Aunque admiten, a menudo a regañadientes, que el castigo debe ser, por tanto, "eterno", inmediatamente establecen una distinción entre el *efecto* y la *experiencia* del castigo, donde el primero solo es la parte interminable. Los pecadores son aniquilados, no atormentados, "por los siglos de los siglos".

Aparte de parecer un uso bastante superfluo de las palabras (¿podría la aniquilación ser otra cosa que permanente?), hay una razón por la que tal distinción no puede extraerse de los datos bíblicos. La expresión "por los siglos de los siglos" se utiliza en el Nuevo Testamento para calificar tanto el "tormento" como el "castigo" (Ap 14:11; 20:10); y ya hemos señalado que la primera palabra se refiere a la experiencia y no al efecto del castigo, y solo puede significar sufrimiento consciente (volveremos a este punto más adelante).

Antes de pasar a examinar algunas de las pruebas más

claras de las escrituras, podemos plantear cuatro preguntas que deben enfrentar los aniquilaconistas.

Primero, ¿por qué los malvados deben ser "resucitados" (es decir, reciben un nuevo cuerpo) para el Día del Juicio, solo para ser destruidos de nuevo inmediatamente después? Sería un acto de creación totalmente innecesario y parece algo extraño, cuando menos. A menos que los espíritus incorpóreos estén totalmente inconscientes (algunas sectas creen en ese "sueño del alma", aunque la ortodoxia cristiana ha rechazado por lo general esta opinión), no habría necesidad de que resucitaran. El Señor podría juzgar y sentenciar sus espíritus a la aniquilación (de forma muy parecida a como Jesús les predicó, 1P 3:19 – 4:6; vea Estudio de escrituras H). ¡Darles cuerpos de nuevo crearía la necesidad adicional de crear un lugar para disponer de ellos! Esto nos lleva a la siguiente pregunta.

Segundo, ¿por qué "preparar" un lugar llamado "infierno"? El Dios que creó todo el universo con su palabra puede seguramente obliterarlo con el mismo instrumento. La creación "fiat" puede ser seguida por la destrucción "fiat". Si el Hijo pudo matar una higuera maldiciéndola, el Padre seguramente podría hacer lo mismo con cualquier parte de su universo. ¿Por qué tomarse la molestia de construir un incinerador?

Tercero, ¿cómo debemos entender las claras afirmaciones de que el fuego, el humo e incluso los gusanos del infierno son permanentes? Implica que siguen existiendo mucho después de haber cumplido su función. ¿Qué posible propósito podrían cumplir después de que sus víctimas hayan sido exterminadas? La sorprendente respuesta de algunos aniquilacionistas, reconociendo que el infierno es permanente, aunque sus habitantes no lo sean, es que el infierno servirá de "monumento recordatorio". Pero ¿a quién le servirá de recordatorio y por qué necesitará el recordatorio? Difícilmente lo necesite el Señor. ¿Experimentarían los santos más alegría o gratitud si pudieran ver el infierno desde el cielo? ¿Hay alguna base bíblica para tan extraordinaria especulación?

Cuarto, ¿por qué la idea del olvido inspiraría temor? Jesús hablaba con absoluto horror de Gehena. Cualquier sacrificio (de un órgano o de un miembro) era preferible a encontrar "todo el cuerpo" de una persona en ese terrible lugar. Es un destino peor que la muerte. Sería mejor no haber nacido. El temor al infierno supera con creces el temor a la muerte (Mt 10:28; vea Estudio de escrituras A). Los pensamientos de aniquilación no inspiran terror e incluso pueden ser una idea bienvenida. Tal vez por eso los que lo creen rara vez lo predican. El olvido puede ser algo que se posponga tanto como sea posible, pero la mayoría probablemente lo aceptaría con bastante estoicismo cuando finalmente llegue. Y los pecadores que han tenido sus aventuras probablemente se alegrarían de ello.

Aparte de estos problemas, hay una debilidad importante en el esquema aniquilacionista —y, de hecho, en la mayoría de los debates sobre el infierno—: el centro de la discusión suele ser el destino final de los seres humanos. Esta preocupación por nuestro propio futuro es comprensible (tenemos mucho que perder), pero distorsiona el debate. Porque el infierno nunca fue pensado ni preparado para la raza humana. Fue "preparado para el diablo y sus ángeles" (Mt 25:41). ¿Por qué para ellos?

Dios enfrentó un problema cuando los ángeles, dirigidos por Satanás, se rebelaron contra su gobierno (Ap 12:4 parece indicar un tercio de ellos). Porque eran una especie superior al Homo sapiens, especialmente en un aspecto importante. Mientras que los seres humanos eran mortales capaces de recibir la inmortalidad, los ángeles fueron creados inherentemente inmortales. A diferencia de Dios, tuvieron un principio pero, como Dios, no tendrían un final. Como dijo Jesús, no pueden morir (Lc 20:36; note que, después de la resurrección, los seres humanos compartirán esta inmortalidad, aunque no la tengan antes, por más que sus espíritus sobrevivan a la muerte). Por eso los ángeles no nacen, no se casan ni se reproducen, como nosotros. Su número (que es enorme) es fijo.

Dado que estos ángeles rebeldes nunca podrían ser aniquilados, Dios tuvo que preparar un lugar para que estuvieran aislados del resto de su universo. Como ya hemos aclarado, todavía no han sido consignados allí, aunque los peores delincuentes (los que sedujeron a mujeres humanas; Gn 6:1s) ya han sido puestos en custodia a la espera del juicio (2P 2:4; Jud 6; vea Estudio de escrituras I). El calabozo recibe el significativo nombre de "tártaro", palabra tomada de la mitología griega, que distingue este lugar de confinamiento tanto del hades como del infierno.

Tras el juicio final, estos ángeles rebeldes (demonios), para los que no hay esperanza de perdón ni de salvación (Heb 2:16), quizá porque ya habían conocido la vida en el cielo y la rechazaron, se unirán a su líder en el "lago de fuego" y compartirán su "castigo eterno".

¿Cuál es ese castigo? ¿Dejar de ser para siempre o seguir siendo para siempre? La Biblia es muy clara en este punto. Dice del diablo que serán "atormentados día y noche por los siglos de los siglos" (Ap 20:10; literalmente, "hasta los siglos de los siglos"). No alcanza con descartar este versículo como "difícil" (solo porque no encaja con una teoría particular) o como "simbólico" (sin explicar lo que simboliza), como tienden a hacer los aniquilacionistas (estoy citando comentarios reales, sin nombrar a los autores). Si el lenguaje significa algo, el diablo y sus ángeles experimentan un sufrimiento interminable en el infierno.

Algunos están dispuestos a admitir que éste es el destino de los ángeles caídos, mientras que siguen negando que los humanos caídos lo compartirán. ¿Permiten las escrituras hacer tal diferencia? ¿O señala el mismo destino para todas las criaturas caídas, ya sea en el cielo o en la tierra?

Cuando el diablo es "arrojado" (el mismo verbo que se utiliza para los seres humanos; Lc 12:5) al "lago de fuego", se une a dos seres que ya están allí: la "bestia" y el "falso profeta" (Ap 19:20). Son terrenales más que celestiales y han afectado profundamente a los asuntos humanos. Pero ¿son seres humanos?

Se ha puesto de moda interpretarlos como personificaciones (como la "Madre Naturaleza") más que como personas. Se supone que "simbolizan" estructuras e instituciones sociales que afectan a la vida política y religiosa. Sin embargo, tales estructuras e instituciones son ideadas por humanos, mantenidas por humanos y dirigidas por humanos, y a menudo un humano las domina. El libro del Apocalipsis presenta a los dos como "él" y no "ello". El resto de la Biblia menciona otros "anticristos" (1Jn 2:18; note que este versículo también menciona "el" anticristo) y falsos profetas (Mt 24:11), pero todos ellos son seres humanos individuales. De ello se deduce que *el* anticristo (al que Pablo llama "el *hombre* de maldad"; 2Ts 2:3) y el falso profeta son ejemplos individuales superlativos de ambos géneros. Lo que lo confirma es el hecho de que ambos son "atormentados". ¿Desde cuándo las estructuras sociales pueden ser atormentadas?

Así que al menos dos seres humanos sufren un tormento interminable en el infierno. Pero el mismo libro del Apocalipsis asigna un número mucho mayor al mismo destino. De todos los que han aceptado el número de marca de la "bestia" (para poder comprar y vender las necesidades de la vida) se dice: "El humo de ese tormento sube por los siglos de los siglos" (Ap 14:11; de nuevo, "hasta los siglos de los siglos"). Algunos han tratado de decir que el humo continuará ascendiendo mucho después de que su tormento haya terminado. Pero no es el humo del fuego que una vez los atormentó; es el humo de "ese" ("su") tormento (podemos comparar con esto el uso similar de Jesús del pronombre personal: "su gusano no muere"; Mr 9:44, citando Is 66:24). Es de suponer que aquellos a los que se hace referencia aquí estaban motivados para identificarse con el gobierno de la "bestia" por temor a sus vidas, lo que puede explicar por qué los "cobardes" están incluidos en la lista de los destinados al "lago de fuego" (Ap 21:8).

El pasaje decisivo es la llamada "parábola" de las ovejas y las cabras (Mt 25:31-46; es más una profecía que una parábola; vea Estudio de escrituras C). Todos los eruditos coinciden en que los animales representan a seres humanos. Mientras que las "ovejas" heredan el reino "preparado" para ellas, las "cabras" son enviadas al "fuego eterno preparado para el diablo y sus ángeles". Esto solo puede significar que los rechazados por el Rey-Pastor comparten exactamente el mismo "castigo eterno", que ya hemos establecido que es un sufrimiento sin fin. No hay ningún indicio de que el fuego que atormenta a un grupo aniquile al otro.

En consonancia con esta existencia continuada está la descripción de los pecadores como "afuera" de la nueva Jerusalén, en lugar de totalmente obliterados (Ap 22:15). Estos "perros" no ensuciarán las calles doradas. "Recibirán como herencia el lago de fuego..." (Ap 21:8). En los Evangelios, Jesús utilizó a menudo este concepto de ser "expulsado, arrojado, dejado fuera". Habló de ello con un tono de gran horror. Lo consideraba lo peor que le podía pasar a un ser humano.

En resumen, la Biblia sostiene la concepción tradicional del infierno como un tormento sin fin, primero para los ángeles caídos y luego, por asociación, para los seres humanos pecadores. Aunque algunas palabras e incluso afirmaciones son ciertamente ambiguas, otras son claras e inequívocas. Las primeras deben interpretarse a la luz de las segundas. El hecho de que gran parte de las pruebas claras provengan del libro del Apocalipsis no es razón para descartarlo. Tal vez ese tratamiento del libro fue anticipado con la solemne advertencia del final: "Si alguno quita palabras de este libro de profecía, Dios le quitará su parte del árbol de la vida y de la ciudad santa, descritos en este libro" (Ap 22:19). ¡Rechazar sus afirmaciones sobre el infierno es correr el riesgo de descubrir por las malas su veracidad sobre el tema! El riesgo de perder el cielo es, ipso facto, el riesgo de vivir en el infierno. Pero hay muchas más formas de correr este riesgo, como veremos a continuación.

4

EL RIESGO

Las personas que van al infierno merecen ser enviadas allí. La Biblia asume en todas partes que los seres humanos son responsables de sí mismos y deben rendir cuentas a Dios. Si no fuera así, el día del juicio sería la farsa suprema.

Somos el resultado de nuestras elecciones. El mal carácter se forma con malas decisiones. Por supuesto, la herencia y el entorno tienen cierta influencia; pero que no son decisivos lo demuestra el número de personas que han llegado más alto o más bajo que su ascendencia o crianza.

Solo Dios puede saber el alcance de esta responsabilidad personal, pues solo él puede conocer todas las circunstancias. Él será absolutamente justo en el juicio, contra el cual no puede haber apelación.

Sin embargo, ¡ha delegado esta tarea en un ser humano (Hch 17:31)! Jesús decidirá el destino eterno de cada ser humano, incluidos los que se atrevieron a juzgarlo (Caifás y Pilato). Ante él estarán todos los gobernantes del mundo, todos los fundadores de religiones del mundo, todos los magnates de negocios del mundo, todos los científicos y artistas del mundo, los estadistas y los políticos, filósofos y visionarios, arquitectos y músicos, deportistas y animadores, pilotos y taxistas, ingenieros y agricultores, amas de casa y modelos, médicos y enfermeras, y millones de personas cuyos nombres solo conoce Dios. "Es necesario que todos comparezcamos ante el tribunal de Cristo, para que cada uno reciba lo que le corresponda" (2Co 5:10). Él es el Hijo del Hombre, el Rey-Pastor que separará las ovejas de las cabras, según la actitud que tuvieron hacia él (Mt 25:31-46; vea Estudio de escrituras C).

Algunos encuentran consuelo en la idea de que Jesús será nuestro juez. Él mismo fue, y sigue siendo, humano y, por tanto, comprende tanto nuestras circunstancias como nuestras debilidades. Por tanto, podemos esperar una audiencia comprensiva. Por otra parte, nadie ha enseñado jamás normas morales tan elevadas. Y demostró una capacidad única para ver dentro de los corazones humanos (por eso la hipocresía lo enfurecía más que cualquier otra cosa).

Cada uno de nosotros se presentará ante él para dar cuenta de sí mismo (y de nadie más). No se necesitarán testigos ni pruebas, ya que todo lo relativo a nosotros es ya conocido y registrado. El juicio no será prolongado, solo lo suficiente para que se emita el veredicto y se pronuncie la sentencia. ¿De qué dependerá? La respuesta es: "según lo bueno o malo que haya hecho mientras vivió en el cuerpo" (2Co 5:10). Entonces, ¿qué es "lo… que hayamos hecho" en esta vida que pueden llevarnos al infierno? Es importante, incluso vital, que lo sepamos.

Pocas personas elegirían deliberadamente ir al infierno (parecería una forma extrema de masoquismo). Pero muchos eligen recorrer el camino que conduce allí, ya sea porque no se dan cuenta o porque no lo creen. La mayoría no consideraría que sus "pecados" son lo suficientemente graves como para justificar ese destino ("Al fin y al cabo, nadie es perfecto") e incluso podría afirmar que sus licencias placenteras son "inofensivas" y, por tanto, inocentes. Se sorprenderán al descubrir lo ofensivas que han sido sus actitudes y actividades a los ojos de un Dios santo. Por ejemplo, *todo* adulterio es un delito procesable en la ley divina, ya sea físico (relaciones sexuales fuera del matrimonio), mental (mirar con pensamientos lujuriosos) o legal (la mayoría de los nuevos matrimonios después del divorcio).

Si los incrédulos se escandalizan ante normas tan abarcadoras, los creyentes se escandalizan al descubrir que las mismas normas (y penas) se aplican también a ellos, incluso después de haber sido aceptados por Dios. Tanto los pecadores despreocupados como los santos despreocupados se llevarán grandes sorpresas. No obstante, veremos los dos grupos por separado.

PECADORES DESPREOCUPADOS

Hay muchas listas de pecados en el Nuevo Testamento. Teniendo en cuenta los solapamientos, el número total es de unos ciento veinte. Recopilar el inventario completo es un ejercicio aleccionador, recordando que cualquiera de ellos sería suficiente para condenarnos.

Como es de esperar, la actividad sexual ilícita figura con frecuencia, tanto la heterosexual como la homosexual. Dios, que inventó el sexo, ha dejado bien claro que su disfrute debe limitarse a un hombre y una mujer unidos en lealtad de por la vida.

Junto a los vicios antinaturales aparecen otros pecados que la mayoría de las sociedades clasificarían como "crimen". El asesinato y el robo son dos ejemplos obvios. El primero incluiría el aborto y la eutanasia activa (pero no la pena capital); el segundo incluiría el fraude y la evasión fiscal (aunque no la elusión fiscal).

No es de extrañar que la religión pervertida sea extremadamente ofensiva para Dios, tanto en forma de ocultismo (con su magia negra y "blanca", encantamientos y ceremonias, hechizos y supersticiones) como de idolatría (ya sean imágenes falsas o imaginaciones).

Junto a la inmoralidad, se encuentran los pecados de injusticia. La explotación de los necesitados, la supresión de los débiles, el desprecio a los pobres, el maltrato a los extranjeros, todos son ofensivos para el Dios de justicia. Pablo agrupa a los traficantes de esclavos con los pervertidos y los perjuros (1Ti 1:10; una reprimenda a los que lo acusan de aprobar la esclavitud).

La autoindulgencia abarca una serie de delitos. La avaricia se clasifica como idolatría, ya que invariablemente centra la vida en las cosas creadas y no en el Creador. La codicia es el único pecado interior (y, por lo tanto, oculto) que se menciona en los diez mandamientos (y el que muchos fariseos, incluido Pablo, no cumplieron; Ro 7:7-8). La embriaguez aparece más de una vez.

El pecado puede adoptar la forma de palabras, así como de hechos. El falso testimonio (que proporciona mentiras u oculta la verdad), el chisme, la calumnia son tan perjudiciales para Dios como para los demás. Una de las cosas que Dios no puede hacer es decir una mentira; "todos los mentirosos" están destinados al "lago de fuego" (Ap 21:8), donde se unirán al "padre de la mentira" (Jn 8:44). Incluso nuestras "palabras ociosas" (esos comentarios casuales que se nos escapan cuando estamos desprevenidos) pueden llevar a cualquiera al juicio (Mt 12:36s). En verdad, la lengua es un pequeño miembro "encendido por el infierno" (Stg 3:6) y podría llevar a todo el cuerpo allí.

Luego están los pecados más sutiles y, por tanto, más peligrosos. El temperamento incontrolable, la pereza habitual y la envidia amarga son todos pecados "mortales", pero el orgullo es por lejos el peor. Nada separa más fácilmente a alguien de su Hacedor que esto. De hecho, ser orgulloso es deificar y adorar a uno mismo, lo cual es la forma más odiosa de idolatría. Se puede encontrar incluso en aquellos que han alcanzado un grado de rectitud, o al menos de respetabilidad externa. Jesús advirtió más claramente sobre el infierno a los fariseos y escribas (Mt 23:33) que a los "pecadores" de su época.

Sorprendentemente, se menciona la "cobardía" (por ejemplo, en Ap 21:8). Esto sin duda se refiere a la timidez moral, sabiendo lo que es correcto pero temiendo las consecuencias de hacerlo (o incluso decirlo). El temor al hombre y el temor a Dios son incompatibles.

¡La lista parece interminable! Por si todo esto fuera poco, hay pecados de omisión y de comisión, es decir, cosas no hechas que deberían haberse hecho, así como cosas hechas que no deberían haberse hecho.

Dos en particular son señalados por Pablo, cuando dice que Jesús "castigará a los que no conocen a Dios y no obedecen el evangelio" (2Ts 1:8). Claramente, sería injusto castigar a los que no han tenido la oportunidad de hacer ninguna de las dos cosas. Al parecer, Pablo está tratando aquí con dos grupos de personas.

Por un lado, están los que han oído el evangelio, pero no han hecho nada al respecto (sería inconcebible que alguien fuera castigado por no oír el evangelio, y la escritura nunca hace tal afirmación). La palabra "obedecer" es interesante; el evangelio no solo debe ser aceptado o creído, sino también obedecido, presumiblemente mediante el arrepentimiento y el bautismo (Hch 2:38). La incredulidad es un acto deliberado de desobediencia (Jn 16:9; Ap 21:8).

¿Pero qué pasa con los que nunca han oído el Evangelio? Esta es una de las preguntas más comunes que hacen los incrédulos (irónicamente, el que pregunta suele haber oído y no tiene ni el deseo ni la intención de ir a decírselo a los que no lo han hecho; su motivo al preguntar parece ser el deseo de demostrar que Dios es injusto). La Biblia da una respuesta clara: cada uno será juzgado por la luz que haya recibido.

Nadie será condenado por no haber escuchado. Pero eso no significa que estén en estado de inocencia. Si así fuera, la evangelización misionera poblaría más el infierno que el cielo. Mejor dejarlos en la ignorancia que robarles la inocencia. Pero esta no es la situación.

Entran en la categoría de "los que no conocen a Dios". Esto supone que han tenido la oportunidad de algún tipo de relación con él, aunque nunca se les haya hablado de su Hijo. Han tenido dos canales de "revelación general". La creación fuera de ellos y la conciencia dentro de ellos les han comunicado alguna información sobre el poder y la pureza de su Creador. Estas cualidades invisibles han sido claramente demostradas, fácilmente comprendidas y voluntariamente ignoradas, dejando a los hombres "sin excusa" (Ro 1:20; los dos primeros capítulos de esta epístola tratan todo este asunto). La obcecación mental es deliberadamente autoinfligida. No es que la gente no sepa de Dios, sino que no *quiere* saber.

Por tanto, solo seremos juzgados según la luz que hayamos recibido y cómo hayamos respondido a esa luz, por tenue que sea. Los que hayan respondido positivamente serán aceptados y absueltos. Pero ¿quién lo ha hecho? ¿Puede alguien afirmar honestamente que ha seguido de forma coherente incluso su propia conciencia, por no hablar de la de nadie más? El mundo entero es culpable ante el tribunal de justicia. Por eso hay que llevar el evangelio a todas las naciones y predicarlo a toda criatura (vea el capítulo 7).

¿Qué pasa con los que han escuchado el evangelio y han

respondido a él? ¿Pueden ahora olvidarse del infierno, al menos en lo que a ellos se refiere? Muchos evangélicos, quizá la mayoría, responderían afirmativamente: los creyentes no corren ningún riesgo ni peligro; pueden perder la bendición en la tierra o la recompensa en el cielo, pero nunca irán al infierno. A los lectores que hayan adoptado este punto de vista se les pide que se acerquen a la siguiente sección con una mente abierta y una Biblia abierta, pidiendo al Espíritu de la verdad que les revele la verdad de las escrituras.

SANTOS DESPREOCUPADOS

La mayor parte de la enseñanza de Jesús sobre el infierno se encuentra en el evangelio de Mateo. ¿Qué importancia tiene esto?

El libro tiene un sabor fuertemente judío, con su especial énfasis en el cumplimiento de las profecías hebreas (lo que lo hace muy adecuado para ser colocado lo más cerca posible del Antiguo Testamento en el Nuevo "canon", aunque probablemente no fue el primero en ser escrito) y su evitación del nombre divino (usando "reino de los cielos" en lugar de "reino de Dios"). ¿Significa esto que el infierno es un tema para los judíos y no para los gentiles? En realidad, este ángulo judío se ha enfatizado demasiado. Mateo contiene material tanto antijudío como progentil, y concluye con la "Gran Comisión" de discipular a todas las naciones (es decir, a todos los grupos étnicos, a todos los gentiles).

Esto último es la pista de la verdadera naturaleza del primer evangelio. Es un "Manual de discipulado" para ayudar a "hacer discípulos... enseñándoles a obedecer todo lo que yo [Jesús] he mandado" (Mt 28:20). La enseñanza está reunida en cinco bloques (¿reminiscente del Pentateuco, los cinco libros de Moisés?) bajo el tema del "reino": su estilo de vida, su misión, su crecimiento, su comunidad y su futuro.

Por lo tanto, "Mateo" fue escrito para ser utilizado por y en la *iglesia* (es el único evangelio que utiliza esta palabra). Se dirige a discípulos, "hijos del reino", que han recibido a Jesús, han creído en su nombre y han nacido de Dios (Jn 1:12; si este versículo se aplica a alguien, debe incluir a los Doce). Y es a estos "discípulos" a quienes Jesús dirige la mayor parte de su enseñanza sobre el infierno, como si fueran ellos los que más necesitan que se les recuerde el tema.

Esto se confirma al observar el contexto inmediato de las advertencias. Aunque parece claro que Jesús dio por sentado que todos los pecadores se dirigen al infierno (por ejemplo, en Mt 7:13; esto es aún más claro en el evangelio de Lucas, que fue escrito para pecadores más que para discípulos, vea Lc 12:1, 4-5, 54), nunca predicó esto explícita y directamente a pecadores mismos (el capítulo 7 explorará el significado de esto para nuestra predicación). En dos ocasiones, lanzó una severa advertencia a los escribas y fariseos (por ejemplo, en Mt 23:15); ¡cómo odiaba la hipocresía religiosa y farisaica! Sin embargo, el resto de sus graves palabras iban dirigidas a sus propios discípulos y a los doce apóstoles en particular. La advertencia más clara de todas fue dada a aquellos que envió de dos en dos como misioneros para demostrar y declarar el reino; debían retener el miedo al infierno ellos mismos, en lugar de contarlo a otros (Mt 10:28; vea Estudio de escrituras I para una exégesis extensa de este texto crucial).

El Sermón del Monte contiene frecuentes menciones del infierno y la destrucción. ¿A quiénes estaban dirigidas? La mayoría de los comentaristas evangélicos afirman que su ética exaltada está destinada a la iglesia y no al mundo, a cristianos y no a incrédulos, pero evitan cuidadosamente afrontar las implicaciones de decir a "cristianos" que corren peligro del "fuego del infierno" y que "más te vale perder una sola parte de tu cuerpo, y no que todo él sea arrojado al infierno" (Mt 5:22, 29). Esta evasión, ya sea inconsciente o deliberada, es notable y significativa (vea, por ejemplo, *Studies in the Sermon on the Mount* de D. Martyn Lloyd-Jones y *Christian Counter-Culture* de John R.W. Stott).

El problema no se resuelve señalando que el sermón probablemente fue escuchado por el público en general (Mt 7:28); estaba claramente dirigido a los discípulos (Mt 5:1). En cualquier caso, las normas morales increíblemente elevadas que se exigen aquí se aplican claramente a la vida en el reino, difícil incluso para los que han recibido la gracia divina, pero imposible para los que no la han recibido. Se dirige a "ustedes", que son la sal de la tierra y la luz del mundo, pero que igual son perseguidos "por mi causa [Jesús]". A pesar de ello, la amenaza del infierno está implícita en todo el discurso y es explícita en varios puntos. Los discípulos que escuchan deben elegir entre el camino ancho que lleva a la destrucción y el camino estrecho que lleva a la vida. Podrían encontrarse en el camino equivocado por la "codicia de los ojos" (Mt 5:28; 6:23; cf. Job 31:1 y 1Jn 2:16) o por palabras despectivas (Mt 5:22).

Los autores apostólicos de las epístolas dicen frecuentemente lo mismo. Pablo advierte más de una vez a los creyentes que si *siguen* practicando las obras de la carne, "no heredarán el reino" (1Co 6:9s; Gá 5:19-21; cf. Mt 25:22). La carta a los Hebreos es aún más contundente: no hay más sacrificio para los que siguen pecando voluntariamente después de recibir el conocimiento de la verdad (Heb 10:26; claramente dirigido a creyentes, ya que el escritor se incluye a sí mismo en el riesgo, como hace en 2:1-3, por no hablar de su notoria advertencia en 6:4-8). Pedro también dice que es mejor no haber conocido nunca "el camino de la justicia" que apartarse de él (2P 2:21s).

El fundamento de tales advertencias a los creyentes es la justicia divina. ¿No sería muy injusto por parte de Dios condenar a un incrédulo por adulterio, mientras lo excusa en un creyente? Eso mostraría parcialidad, incluso favoritismo, que puede encontrarse en los jueces humanos, pero del que no hay rastro en el carácter divino, como atestiguan muchas escrituras (vea Ro 2:1-11 para una advertencia devastadora a los "santos" romanos de no ser presuntuosos al pensar que Dios pasaría por alto en ellos lo que condena en otros). Dios debe castigar el pecado allí donde se encuentre, dentro o fuera de su pueblo (Col 3:25). Por cierto, el juicio debe comenzar por la familia de Dios (1P 4:17).

Pero ¿no son perdonados todos los pecados cuando somos justificados por la gracia mediante la fe en Cristo? Los pecados pasados ciertamente sí, pero no los futuros. Habrá pecados posteriores; negar esto es un autoengaño (1Jn 1:8). Estos pueden y deben ser tratados apelando a nuestro abogado (1Jn 2:1) y aplicando su expiación; mientras sigamos confesando nuestros pecados, él seguirá perdonándolos y la sangre de Jesús seguirá limpiando (1Jn 1:9; todos los verbos están en tiempo presente continuo en griego).

Hay otro punto importante. Así como el libro del Levítico establece una distinción entre las transgresiones involuntarias y las intencionadas de la ley (que requieren diferentes sacrificios ofrendas), el Nuevo Testamento también distingue entre caer accidentalmente en el pecado (Gá 6:1) y andar deliberadamente en el pecado (Heb 10:26). A los discípulos no se les permite el lujo de la autosuficiencia.

Volviendo a las enseñanzas de Jesús en los Evangelios, encontramos un cambio significativo de énfasis en la aplicación del infierno a los creyentes. En comparación con la lista de cosas que pueden llevar a los incrédulos al infierno, la mayor parte de las advertencias se refieren ahora a pecados de omisión, cosas descuidadas en lugar de perpetradas, con una gama bastante diferente de delitos procesables.

El último bloque de enseñanzas de Mateo (dirigido solo a los Doce) trata del futuro del reino, de las señales del regreso de Jesús y de cómo sus siervos pueden estar listos para ese acontecimiento (Mateo 24-25). En una serie de parábolas,

Jesús señala que su Señor y Maestro no se preocupa tanto por lo que hacen en el momento de su regreso, sino por lo que han hecho durante su ausencia, sobre todo si se ausenta "mucho tiempo" (Mateo 24:48; 25:5, 19). La verdadera prueba de que estamos listos no es lo que hacemos si creemos que viene pronto, sino lo que hacemos si su venida se retrasa.

En sus discípulos, el Señor ausente espera *vigilancia* (como las damas de honor con suficiente aceite en sus lámparas para mantenerlas encendidas hasta que llegue el novio), *diligencia* (como los buenos hombres de negocios que comercian con sus talentos) y *benevolencia* (alimentando, vistiendo y visitando a sus "hermanos"; vea Estudio de escrituras C para saber quiénes son éstos).

El aspecto alarmante de estas parábolas contadas a los Doce es el veredicto y la sentencia que se da a los que no han sido fieles en sus deberes. Con relación al siervo que descuida su deber y abusa de sus colegas "cortará al sirviente en pedazos y le asignará un lugar con los hipócritas. En ese lugar habrá llanto y rechinar de dientes" (Mt 24:51; ¡note que "cortar en pedazos" no pone fin a su existencia!) El siervo que enterró su talento (¿porque solo recibió uno?) es acusado de ser malvado, perezoso e inútil, antes de ser arrojado a las tinieblas, donde habrá llanto y rechinar de dientes (Mt 25:30). Aquellos que no han mostrado preocupación por los hermanos de su amo son malditos y desterrados al castigo eterno en el fuego eterno, preparado para el diablo y sus ángeles (Mt 25:41, 46). Todo esto es el lenguaje del infierno, aunque la palabra misma no se use.

Y todo esto se dice a los doce discípulos (Mt 24:1), no al público en general ni a los pecadores en particular. Aunque en un caso se hicieron cosas malas, en todos los casos no se hicieron cosas buenas. El discipulado no debe tomarse a la ligera; conlleva tanto responsabilidades como privilegios.

Es un pensamiento aleccionador que uno de aquellos doce, que había predicado y sanado en el nombre de Jesús, tuviera un final tan terrible y fuera a parar al lugar que le correspondía (Hch 1:25). Judas Iscariote fue llamado por Jesús, respondió a ese llamado, caminó con él y ministró para él durante tres años. Sin embargo, Satanás "entró en él", encontrando el terreno para hacerlo en su codicia por el dinero. El que podría haber sido un hijo de adopción terminó como hijo de perdición (Jn 17:12).

No es de extrañar que los escritores apostólicos exhorten constantemente a los creyentes a ser sobrios y vigilantes, confiados en el Señor, pero no en sí mismos. Hay una falsa confianza que raya en la autosuficiencia: "Si alguien piensa que está firme, tenga cuidado de no caer" (1Co 10:12; extrayendo la lección para los creyentes del fracaso de tantos israelitas para llegar a la tierra prometida).

Es hora de resumir este capítulo. Tanto los creyentes como los incrédulos tienen motivos para se les recuerden los peligros del infierno. Pero si la enseñanza de Jesús es nuestra guía, es *más* necesario para los que se comprometen a seguirlo y servirlo. Esta conclusión, basada en consideraciones contextuales, contrasta fuertemente con la aplicación tradicional de la doctrina. No solo aporta una nueva perspectiva a nuestra comprensión, sino que puede eliminar una de las principales razones por las que los predicadores encuentran el tema tan desagradable y sus oyentes lo encuentran tan ofensivo (vea el capítulo 7).

Tanto para los creyentes como para los incrédulos, parece muy fácil ir al infierno y muy difícil llegar al cielo (de hecho, el propio Jesús estaría de acuerdo; Mt 7:13-14). Teniendo en cuenta las muchas cosas hechas o dejadas de hacer que podrían llevarnos allí, el infierno parecería no tanto un riesgo como una certeza absoluta, si se nos deja solos. Pero no se nos ha dejado solos. Todos los recursos del cielo se han puesto a nuestra disposición. No hay necesidad de que nadie acabe en el infierno. Hasta ahora, este libro ha sido principalmente malas noticias. ¡Ahora, las buenas noticias!

5

EL RESCATE

Ningún libro sobre el infierno sería aceptable para Dios o para cualquier hombre sin un capítulo sobre cómo evitar ir allí. Si no hubiera forma de escapar, sería mejor guardar silencio sobre todo el tema. A los que están destinados al infierno se les permitiría entonces, al menos, disfrutar de los placeres del pecado durante un tiempo, sin el molesto pensamiento de que todos ellos tendrán que ser pagados algún día. ¿Por qué estropear su felicidad temporal con ideas perturbadoras de la desdicha eterna? La ignorancia es felicidad, o podría serlo.

Por otra parte, si existe una vía de escape para alguien, entonces seguramente todos deberían conocerla. Y existe. Puede ser estrecho y solo descubierto por unos pocos (Mt 7:14); pero está abierto a todos. No hay necesidad de que ningún ser humano pase el resto de su existencia en ese espantoso lugar. Para decirlo más positivamente, es posible que cualquier ser humano pase la eternidad en el cielo.

Se necesitan dos requisitos para el cielo: perdón y santidad. Uno anula nuestro pasado pecaminoso; el otro nos prepara

para nuestro futuro sin pecado. Es imposible que nos perdonemos a nosotros mismos o que nos hagamos santos. La buena noticia es que lo que es imposible para el hombre es posible para Dios. Él puede y está dispuesto a conceder tanto el perdón como la santidad, como dones gratuitos de su gracia, a cualquiera que se arrepienta de sus pecados y crea en su poder para salvar (¡hasta lo más alto desde lo más profundo!).

Esta afirmación parece un típico cliché de predicador. Hay que desmenuzarlo con cuidado. La salvación puede ser gratuita, pero no es barata, ni para el Señor ni para nosotros. Para él, el costo fue la muerte de su único Hijo en una cruz. Para nosotros es tomar la cruz cada día y seguirlo. ¿Quién fue que dijo que la cuota de ingreso no es nada, pero la suscripción anual lo es todo?

Todos los recursos divinos están ahora a nuestra disposición, pero tenemos que hacer uso de ellos. Dios ha hecho todo lo posible y necesario para salvarnos del infierno, excepto obligarnos a aceptar su remedio. Seguimos siendo libres de resistir a su Espíritu y de rechazar su salvación.

Cuatro personas, tres divinas y una humana, intervienen en todo escape del infierno. Aunque todas actúan conjuntamente, será útil considerar a cada una de ellas por separado.

AFECTO DEL PADRE

Dios creó el género humano porque disfrutaba tanto de su único Hijo que deseaba tener una familia más numerosa, para llevar muchos hijos a la gloria. Incluso después de que los destinados a tan maravilloso destino se negaron a ser sus hijos amorosos y obedientes, su amor por ellos siguió siendo tan fuerte que estuvo dispuesto a hacer un sacrificio supremo para recuperarlos (Jn 3:16 es merecidamente la declaración bíblica más conocida de esta sorprendente verdad).

Hasta ahora hemos considerado el infierno casi exclusivamente desde el punto de vista humano: cómo sería para nosotros ser enviados allí. Pocos se detienen a pensar en el punto de vista divino: cómo sería para él tener que enviarnos allí. Tres ideas pueden ayudarnos a apreciar esto.

En primer lugar, Dios nunca pensó en el infierno para los seres humanos. Como ya hemos visto (en el capítulo 3), está siendo "preparado para el diablo y sus ángeles" (Mt 25:41). Como criaturas "inmortales" (en el sentido de que, una vez hechas, "no podrán morir"; Lc 20:36), un día tendrán que estar completamente aisladas del cielo y la tierra de Dios. Para ellos, no puede haber ninguna posibilidad de escapar del infierno. Habiendo conocido una vez el cielo mismo y habiéndolo rechazado, ni siquiera la sangre de Jesús puede hacer nada por ellos (Heb 2:16).

En segundo lugar, a Dios no tiene ningún placer en la muerte de seres humanos malvados; experimenta placer cuando se apartan de su maldad y se dirigen a él (Ez 18:23). La idea de que el infierno da a un Dios de la venganza la satisfacción de vengarse de los que lo han insultado no podría estar más lejos de la verdad. Es una calumnia incluso sugerirlo. Los que lo hacen ni siquiera han empezado a entender lo que significa la palabra "perdido" (el hijo pródigo sabía perfectamente dónde se encontraba: estaba "perdido" solo para su padre, que tenía el corazón destrozado). Solo podemos imaginar los sentimientos de Dios cuando tiene que descartar como "basura" a cualquier persona que una vez llevó su propia imagen. Eso solo puede causar un profundo dolor, no un placer malicioso. Dios no es un sádico.

En tercer lugar, ha hecho todo lo posible para salvarnos de ese destino. Ya hemos mencionado este punto, pero nunca puede ser repetido lo suficiente. Dios está en el negocio de reciclar basura, restaurando criaturas caídas a su condición y propósito original, salvando a arruinados, salvando a perdidos (bellamente ilustrado en el retorno del esclavo Onésimo, que significa "útil", a su amo; Flm 11). Este es su verdadero placer, el trabajo que le gusta hacer.

Tampoco esperó a que quisiéramos ser salvados para actuar en nuestro favor. La iniciativa es suya, no nuestra. Él nos amó antes de que nosotros lo amáramos a él. Eligió salvarnos mucho antes de que nosotros eligiéramos ser salvados. Aunque no lo buscábamos, vino a buscarnos (y a salvarnos). Por eso los que están siendo salvos se saben predestinados para ese favor y ese futuro (no se deduce que los que no se salvan hayan sido predestinados al fracaso).

La gracia salvadora de Dios nos llegó por medio de su Hijo.

EXPIACIÓN DEL HIJO

Con sus labios, Jesús nos dio toda la información sobre el infierno que necesitamos saber, incluido el tipo de comportamiento que califica a cualquiera para ir allí. En su vida, nos mostró el tipo de comportamiento que califica para el cielo. Pero lo que dijo y lo que hizo solo puede llevarnos a la desesperación, como le ocurrió a uno de sus compañeros más cercanos ("¡Apártate de mí, Señor; soy un pecador!"; Lc 5:8). ¡Los que consideran a Jesús simplemente como un buen ejemplo a seguir nunca han intentado seguir su ejemplo!

Con su muerte, sepultura y resurrección, Jesús hizo posible que escapáramos del infierno y entráramos en el cielo. Habiendo descendido al infierno y ascendido al cielo, ha sido pionero en el camino, ha abierto un sendero para que nosotros lo sigamos (un punto señalado en la epístola a los Hebreos, en 2:10).

Descendió al infierno. Esto no es algo que ocurrió después de su muerte (como parecen implicar las versiones antiguas del Credo de los Apóstoles; las versiones modernas cambian acertadamente "infierno" por "hades" o simplemente "los muertos", es decir, el mundo de los espíritus desencarnados). No, él experimentó el infierno mientras aún estaba en su cuerpo, durante las últimas tres de las seis horas que estuvo colgado en la cruz.

El infierno es oscuridad total, y desde el mediodía hasta las tres de la tarde Jesús estuvo en esa oscuridad. Así como la estrella había brillado en su nacimiento, el sol se eclipsó en su muerte (ninguno de los dos eventos fue "natural"; ambos fueron signos sobrenaturales, lo que señala el significado único de los dos eventos). El infierno es también un lugar de sed, y durante este período Jesús gritó: "Tengo sed". Se le ofreció vinagre (que habría agravado su sed) y vino (que rechazó, habiendo jurado no volver a beberlo hasta que el reino hubiera llegado plenamente). Por encima de todo, el infierno es un lugar donde no se puede encontrar a Dios, porque el infierno es la separación de Dios. De ahí el grito de abandono de Jesús: "Dios mío, Dios mío, ¿por qué me has abandonado?" (tomado del Salmo 22, que es en su totalidad una notable predicción de su sufrimiento, teniendo en cuenta que el rey David, su autor, nunca había observado una crucifixión, y mucho menos la había experimentado).

Por primera vez en toda la eternidad, el Hijo había perdido contacto con su Padre, lo que significaba también, a nivel humano, la pérdida de comprensión de lo que estaba sucediendo. En nuestra pequeña manera, podemos identificarnos con su perplejidad; nosotros también nos hemos sentido tan abrumados por el dolor y la soledad personales que hemos pronunciado un angustioso "¿Por qué?".

Pero ahora sabemos por qué sufrió tanto. Y él mismo sabía por qué, tanto antes como después, aunque no durante aquellas horas oscuras. Estaba pagando el precio para liberarnos de nuestra esclavitud al pecado, un "rescate por muchos" (Mr 10:45). Su muerte fue un sacrificio expiatorio, la propiciación por nuestros pecados (Ro 3:25). El que no conoció el pecado fue "hecho pecado" por nosotros (2Co 5:21). Estaba llevando nuestros pecados en su cuerpo sobre el "madero" (1P 2:24). Tomó nuestro lugar como criminal condenado. Fue nuestro sustituto en la muerte.

El perdón es ahora posible. Está escrito con su sangre. La pena ha sido pagada; la deuda, cancelada. Pero la cruz también significa que el pecado no perdonado debe ahora ser castigado. Dios ya no puede pasarlo por alto, y el hombre ya no puede excusarlo (Hch 17:30; Ro 3:25). Desde el Calvario, el mundo está en una relación moral diferente con su Hacedor, con una expresión potencial mucho mayor de su justicia y su misericordia. Tanto el cielo como el infierno están ahora abiertos de par en par.

Ascendió al cielo. Dios reivindicó a su Hijo. Los hombres lo condenaron como digno de morir; Dios lo resucitó antes de que su cuerpo pudiera descomponerse. Los hombres se burlaron de su pretensión de ser su rey; Dios le dio toda la autoridad en la tierra y en el cielo. Jesús es ahora Señor.

Ha ido a preparar un lugar para nosotros. Está intercediendo por nosotros. Volverá y nos llevará a estar donde él está. Él está en control absoluto de todas las fuerzas dispuestas contra nosotros, incluido el diablo y todos sus demonios.

Al ir antes, ha abierto el camino al cielo, y estamos en condiciones de seguir sus pasos. Pero *¿podemos* hacerlo? Incluso con el pasado expiado, nuestros pecados perdonados y nuestra relación con Dios restaurada, ¿cómo podríamos caminar como lo hizo Jesús, vivir como él vivió? A través de él tenemos el perdón, pero ¿dónde obtendremos la santidad?

Él también tiene la respuesta a eso. En el sentido más profundo, él *es* la respuesta, porque él es nuestra justicia (1Co 1:30) y podemos llegar a ser la justicia de Dios en él (2Co 5:21). Es un intercambio asombroso: ¡él toma nuestros pecados, nosotros tomamos su justicia!

En otras palabras, Cristo es un *doble* sustituto. Él ocupa nuestro lugar en la muerte y en la vida. Muere por nosotros y vive en nosotros. Pero ¿cómo es posible algo así? ¿Cómo puede vivir en nosotros aquí abajo, en la tierra, si ahora está arriba, en el cielo?

AYUDA DEL ESPÍRITU

Ahí hace su entrada la tercera persona de la Trinidad. Siempre ha existido y ha estado con las personas de vez en cuando, ungiéndolas con dones y gracias sobrenaturales. Estuvo de manera única con Jesús, desde su bautismo (Lc 3:21s) y tentaciones (Lc 4:1) hasta su muerte (Heb 9:14) y resurrección (Ro 8:11). Había estado "con" los discípulos que seguían a Jesús, pero luego estaría "en" ellos (Jn 14:17).

Una de las primeras cosas que hizo Jesús después de ascender al cielo fue pedir a su Padre que enviara al Espíritu para que ocupara su lugar en la tierra como "animador" y "reemplazo" para sus discípulos (ambos títulos son mejores traducciones de la palabra griega *parakletos* que el algo anémico "consolador", que en inglés, *comforter*, parece haber descuidado su sílaba media "fort" y su significado de "fortificar"). Así como murió por ellos en la fiesta judía de la Pascua, vino a vivir en ellos (por su Espíritu) en la siguiente fiesta, Pentecostés. Les había dicho que estarían mejor con esta presencia interna e invisible (siempre y en todas partes) que con su presencia externa y visible.

La santidad es ahora posible. Porque él es el Espíritu *Santo*. La justicia o rectitud ya no es una cuestión de apariencia externa, que tan fácilmente conduce al orgullo en el mejor de los casos y a la hipocresía en el peor (como en los fariseos); es una transformación interna de los motivos y los deseos, que conduce al comportamiento y las relaciones correctas. La santidad es el fruto del Espíritu: un fruto (singular) con nueve sabores (Gá 5:22s): amor, alegría y paz en el Señor; paciencia, amabilidad y bondad (generosidad) hacia los demás; fidelidad, humildad y dominio propio en uno mismo. Este es el carácter mismo de Jesús, fielmente reproducido en aquellos que "andan en el Espíritu". Sin embargo, como todo fruto, necesita tiempo para formarse y madurar.

Tampoco es un proceso automático o inevitable. Las ramas tienen que "permanecer" en la vid o no darán ningún fruto (Jn 15:4). Los creyentes deben "buscar… la santidad, sin la cual nadie verá al Señor" (Heb 12:14). Tenemos un papel que desempeñar.

ADHESIÓN DEL CREYENTE

Aunque el Padre, el Hijo y el Espíritu Santo están trabajando juntos para salvarnos del infierno, poniendo el perdón y la santidad a nuestro alcance (el reino está "cerca"), es necesaria nuestra cooperación activa. Debemos recibir los dones y utilizarlos. Debemos reclamar las ofertas gratuitas.

Cristo murió por los pecados de todo el mundo (incluso Calvino lo creía). Pero es evidente que el mundo entero no disfruta del perdón ni experimenta la santidad. ¿Cuál es el factor que falta? La cuarta persona necesaria para completar el cuadro: ¡usted mismo!

El primer nombre para la nueva fe de los discípulos fue "el Camino". Era una nueva forma de vivir (y de morir). Era el camino al cielo. Su esencia era una relación personal con el Jesús que dijo de sí mismo: "Yo soy el camino" (Jn 14:6).

Pero "camino" implica una senda a recorrer, un viaje que hay que completar. Los que terminan, no los que empiezan, son los que llegan a su destino. Un buen final es tan esencial como un buen comienzo. La carrera se gana en la meta, por quienes se esfuerzan por llegar a ella para ganar el premio (Fil 3:12-14; Heb 12:1s).

Lo primero es *ponernos en el camino*. Un buen comienzo es una gran ayuda, ya que un mal comienzo puede ser un verdadero hándicap. Hay cuatro pasos iniciales que debemos dar para ponernos en marcha correctamente. El primero es arrepentirse (salir del camino equivocado, el camino ancho que lleva a la destrucción). El segundo es creer en Jesús (confiando en que hará lo que dice que hará y obedeciendo lo que nos dice que hagamos). El tercero es ser bautizado (sumergido en agua como un entierro de nuestra vieja vida que está muerta y como un baño para empezar limpios en la nueva vida). La cuarta es recibir el Espíritu Santo (ser llenado conscientemente hasta la saciedad, generalmente a través de la boca. (Ver mi libro *El nacimiento cristiano normal*, para una descripción mucho más detallada de los cuatro pasos).

Desgraciadamente, muchos discípulos han sido "mal paridos", omitiendo uno o más de estos pasos vitales. No recorren el camino tan rápido ni tan lejos como los que empiezan bien. Pero nunca es demasiado tarde en esta vida para ponerse al día con lo que pasamos por alto; de hecho, es urgente hacerlo cuanto antes. ¡Un coche anda mejor cuando funcionan los cuatro cilindros!

Incluso aquellos que han sido "bien paridos" pueden cometer el error de pensar que han llegado (o, al menos, que tienen su billete para el cielo y han subido a un tren que los llevará hasta el final). La vida cristiana es una caminata, no un viaje en un vehículo. Nacer de nuevo es haberse puesto en marcha en la dirección correcta, comenzar el viaje (que John Bunyan retrató tan vívidamente en *El progreso del peregrino*). No han llegado, sino que están "en el Camino".

Lo siguiente es *mantenernos en el camino*. La vida cristiana es dinámica, no estática. Una vida piadosa es una caminata con Dios. Porque Dios es un Dios que camina, y pronto perdemos contacto si no seguimos su ritmo. Jesús caminó con sus discípulos (la mayor parte de sus enseñanzas y sanidades fueron "en el camino"), incluso hasta su muerte y después de su resurrección (Lc 24:13-35); ahora camina entre los candelabros (las iglesias; Ap 2:1) e incluso en el cielo caminaremos con él (Ap 3:4).

El Nuevo Testamento está lleno de advertencias sobre los que no llegan a su destino. El hecho de que la mayoría de los esclavos hebreos que salieron de Egipto no llegaran a Canaán es utilizado por tres escritores apostólicos como advertencia para los creyentes (en 1Co 10, Heb 4 y Judas). Los cristianos corren el mismo peligro de ser "desgajados" que los judíos, a menos que "se mantengan" en la bondad de Dios (Ro 11:22). Dios es capaz de evitar que caigamos, siempre que nos mantengamos en su amor (Judas 21, 24).

Mantenerse en el camino es lo mismo que permanecer (morar) en Cristo, que es seguir creyendo en él. El sustantivo "fe" es lo mismo que fidelidad o lealtad, tanto en hebreo como en griego. Confiar en una persona es seguir confiando en ella, pase lo que pase. El verbo "creer" (más común que el sustantivo en el Nuevo Testamento) suele estar en presente, que en griego se llama tiempo "presente continuo", porque se refiere a una acción continua, *seguir* haciendo algo o estar haciéndolo *actualmente*. Implica una gran diferencia en algunos textos conocidos y favoritos: "Porque Dios amó tanto al mundo que dio a su Hijo unigénito para que todo el que siga creyendo (o esté creyendo actualmente) en él no perezca, sino que siga teniendo (o esté teniendo actualmente) vida eterna" (Jn 3:16; el mismo tiempo se utiliza en 20:31).

Los que no se aferran a la palabra han creído en vano (1Co 15:2). Es posible hacer naufragar la fe (1Ti 1:19). Debemos esforzarnos por asegurar nuestra vocación y elección (2P 1:10; note que somos *nosotros* quienes la aseguramos). Los vencedores no tendrán sus nombres borrados del libro de la vida del Cordero (Ap 3:5; la implicación para los que no venzan es clara). Los que se mantengan hasta el fin serán salvos (Mr 13:13). La carta a los Hebreos está repleta de llamamientos a "seguir adelante" y de advertencias sobre las consecuencias de "retroceder" (2:1-3; 3:6, 12-14; 6:4-11; 10:23-27; 12:3, 14). Las ramas que no permanecen en la vid son finalmente "arrojadas al fuego y quemadas" (Jn 15:6).

Esta línea de enseñanza suele provocar dos preguntas, incluso objeciones. Primero, ¿no enseña esto la salvación por obras, que nos salvamos por nuestros propios esfuerzos? En segundo lugar, ¿no destruye la seguridad, nuestra certeza interior de que vamos a ir al cielo?

La primera la plantean los que hacen hincapié en la soberanía de Dios. La salvación, según ellos, depende enteramente de su elección del individuo. Esta gracia predestinante no puede ser resistida e inevitablemente resultará en el arrepentimiento y la fe, garantizando la perseverancia del santo y la llegada segura al cielo. De ello se desprende que, puesto que solo algunos son elegidos, Dios no quiere que todos los hombres se salven; tampoco Cristo murió por todos los hombres, sino solo por los elegidos, ya que es inconcebible que su expiación no cumpla su propósito. Irónicamente, los que sostienen este esquema de cosas (generalmente denominados "calvinistas" o "reformados") son los que se han aferrado más fielmente a la comprensión tradicional del infierno, al tiempo que niegan que tenga pertinencia alguna para el creyente elegido. Su motivación es loable: tratan de exaltar la gracia y la misericordia de Dios negando al hombre caído en su orgullo cualquier idea de contribuir a su propia salvación. Todo es de Dios de principio a fin, incluso la decisión que lleva a la salvación; solo podemos adorar la misericordia que eligió salvar a algunos pecadores, a pesar de ellos mismos. Cualquier sugerencia de que la salvación depende de *nuestra* fe continua, o incluso de nuestro paso inicial de fe, es un anatema, que transfiere la gloria de Dios al hombre.

¿Qué podemos decir a esto? Sucintamente, *cooperación no es contribución*. Un pasajero de un barco cae por la borda. Un miembro de la tripulación le lanza una cuerda y le grita: "Toma esto". Cuando el hombre que se está ahogando lo hace, le grita de nuevo: "Ahora aférrate hasta que te lleve de vuelta al barco". El hombre es salvado. ¿Por quién? ¿Dirá el pasajero que se ha salvado a sí mismo? ¿Se sentirá orgulloso de su "contribución" al rescate? ¿O estará tan lleno de gratitud hacia su salvador que tales pensamientos nunca se le ocurrirán? Si se salvó por obras, fue por las obras de su salvador; sus propias acciones fueron acciones de fe en ese salvador. En ningún sentido consideraría sus acciones como ganadoras, merecedoras o incluso "dignas" de su salvación. Fueron las acciones desesperadas de un hombre que no podía salvarse a sí mismo y puso toda su confianza en otro.

La fe es activa, no pasiva. La fe sin *acción* está muerta, no puede salvar (Stg 2:14, 26; es una pena que la palabra "obras" se haya utilizado alguna vez en la traducción de estos versículos [como en las versiones inglesas KJV y RSV], causando una aparente contradicción con Pablo, que incluso Lutero entendió mal). Esta fe activa es nuestra respuesta responsable a la gracia inmerecida de Dios. Cooperamos con nuestra salvación, y no contribuimos a ella, cuando por fe nos aferramos a Cristo al principio del camino y nos mantenemos firmes en él, hasta que nos lleva sanos y salvos al cielo.

Porque la salvación es un proceso, que ha comenzado, pero que de ninguna manera se ha completado todavía. *Hemos sido salvados* (de la pena del pecado por la justificación), *estamos siendo salvados* (del poder del pecado por la santificación) y *seremos salvados* (de la presencia del pecado por la glorificación); los tres tiempos del verbo "salvar" se utilizan en el Nuevo Testamento. El proceso solo se completará cuando Jesús aparezca por segunda vez, no para cargar con el pecado, sino para traer la salvación a los que lo esperan (Heb 9:28).

¿Qué significa esto para la doctrina de la seguridad? ¿De qué podemos estar seguros ahora? Podemos estar seguros de que "estamos siendo salvados", de que estamos en "el camino" al cielo. Pero esta seguridad no se basa en una deducción silogística de las escrituras (la Biblia lo dice, yo lo he creído, asunto concluido), ni en una decisión simplista por Cristo (he dicho la oración del pecador). Surge de una relación, no solo iniciada una vez, sino disfrutada continuamente. Mientras caminamos con el Señor, "el Espíritu mismo sigue dando testimonio a nuestro espíritu de que somos hijos de Dios" (Ro 8:16; nuevamente, tiempo presente continuo). Cuando andamos en la carne y no en el Espíritu, una de las primeras cosas que sufren es el testimonio de nuestro espíritu. Perdemos nuestra seguridad.

Así que podemos y debemos estar seguros de que nos dirigimos al cielo. Pero solo podemos estar seguros de que hemos llegado allí cuando llegamos. Billy Graham, al ser preguntado por un entrevistador de la BBC sobre cuál sería su primer pensamiento en el cielo, respondió al instante: "¡Alivio!". John Bunyan escribió al final de *El progreso del peregrino*: "Entonces vi que había un camino al infierno, incluso desde las puertas del cielo". Pablo conservaba un sano temor de que, habiendo predicado a otros, él mismo quedara descalificado (1Co 9:27).

Para terminar con una nota positiva, no es necesario que nadie fracase. Con el Padre, el Hijo y el Espíritu Santo a nuestro favor, quién puede estar en contra de nosotros, excepto nosotros mismos. Somos salvados por gracia (las obras de él, no las nuestras) mediante la fe, una fe continua y persistente. El perdón se da a los que siguen creyendo (y siguen arrepintiéndose y confesando; 1Jn 1:9). La santidad es dada a aquellos que siguen creyendo (mientras continuamos confiando y obedeciendo, él puede completar la buena obra que ha comenzado en nosotros; Fil 1:6). Todas las cosas son nuestras en Cristo (1Co 3:21-23). Su poder divino nos ha dado todo lo que necesitamos para la vida y la piedad (2P 1:3); de nosotros depende que nuestra vocación y elección sean seguras (2P 1:10).

Si algún ser humano se encuentra en el infierno, no podrá culpar a nadie más que a sí mismo. Si alguno se encuentra en el cielo, no tendrá a nadie más que alabar que el Señor.

6

EL REVERSO

Solo hay dos destinos futuros abiertos a toda la raza humana: el cielo o el infierno. Todo ser humano acabará en uno u otro lugar. No podrían ser más diferentes; son exactamente opuestos. Lo que puede decirse positivamente del cielo puede decirse negativamente del infierno, y viceversa. Un lugar es tan bueno como el otro es malo.

El cielo es el reverso del infierno. La luz del cielo hace que la oscuridad del infierno parezca más negra. La comunión con Dios en el cielo hace que la separación de Dios en el infierno sea aún más terrible. Las calles doradas del cielo contrastan con la basura pudriéndose del infierno.

Este capítulo trata del cielo. Su inclusión no es solo para resaltar el horror y la miseria del infierno. Los que vayan allí serán plenamente conscientes de lo que se han perdido; el conocimiento del cielo formará parte de su angustia (cf. Mt 8:11s). No es de extrañar que haya "llanto y rechinar de dientes".

La razón principal es que el deseo de escapar del infierno es esencialmente un motivo negativo y necesita ser reforzado por el deseo positivo de entrar en el cielo. Solo cuando ambos se mezclan en equilibrio hay una comprensión genuina de la necesidad del evangelio "completo", que incluye la santificación así como la justificación, la santidad así como el perdón, ambos dones gratuitos de la gracia divina para quienes viven por fe.

El infierno puede ser cuestionado, por razones obvias, aun entre creyentes. El cielo rara vez se discute, también por razones obvias, excepto entre incrédulos. Se han formulado dos críticas contra la enseñanza de la iglesia sobre el cielo.

Algunos dicen que es una *ilusión inofensiva*. Producto de la imaginación humana, es una compensación autoinducida por las incomodidades y dificultades de la vida tal como la conocemos. Las puertas perladas y las calles doradas pertenecen al reino de los cuentos de hadas (¿qué diferencia hay entre las hadas y los ángeles?).

Así que se cuentan chistes sobre el cielo (normalmente relacionados con problemas de admisión por parte de San Pedro), que expresan las dudas del narrador sobre toda la idea. Otra forma de escepticismo disfrazado es la pregunta "incómoda", que supone que la creencia en el cielo es ridícula. Ese fue el "problema" de los saduceos sobre la mujer que enviudó siete veces después de siete matrimonios sin hijos (¡un hecho estadísticamente improbable, por decir lo menos!). ¿Qué esposo la reclamaría en el cielo? Jesús corrigió su falsa suposición de que las relaciones terrenales siguen siendo válidas, pero los reprendió duramente por su incredulidad subyacente en la existencia corporal más allá de la tumba, que era el verdadero pensamiento que había detrás de su enigma (Lc 20:27-38).

Otros consideran que el cielo es una *distracción peligrosa*. Sabe a escapismo, que induce a contentarse con la injusticia aquí con la promesa de una compensación en el más allá (se citan a menudo como ejemplo las canciones espirituales "negras" que cantaban los esclavos en las plantaciones de algodón estadounidenses). Fue Charles Kingsley (el clérigo anglicano que escribió *Tom and the Water Babies*) quien utilizó por primera vez la expresión "opiáceo del pueblo" para referirse a la religión del otro mundo. Karl Marx se apresuró a recoger la acusación, aunque cambió una palabra y puso "opio". Esta insinuación aparece en la burla popular de que el cielo es solo "pastel en el cielo cuando estás muerto" (siempre quiero responder que eso es mejor que "dolor en el hueco cuando estás tieso").

De modo que el mundo ha criticado cada vez más a la iglesia por "pensar tanto en el cielo que sirve para nada en la tierra". Desgraciadamente, la iglesia ha sido tan sensible a esta acusación que ha girado hacia el extremo opuesto. Ansiosos por comentar las cuestiones sociales y políticas del momento, los predicadores parecen reacios a hablar del mundo venidero. La predicación sobre el cielo ha disminuido simultáneamente con la predicación sobre el infierno.

Sin embargo, la eternidad es mucho más larga que el tiempo. La vida aquí es breve y se acaba pronto. Si realmente creyéramos que solo somos peregrinos de paso, que nos preparamos para una existencia mucho más larga en otro lugar, seguramente nuestra principal tarea sería recordar a los demás ese futuro, asegurarnos de que se dirigen al destino correcto y ayudarlos en su viaje hacia él. Hablaríamos mucho más del cielo. ¿Qué diríamos?

La palabra "cielo" tiene diferentes significados en las escrituras. El más bajo se refiere a la atmósfera que rodea la tierra, en la que vuelan los pájaros y los insectos. El siguiente se refiere al "cielo" más allá, donde brillan las estrellas (lo que llamaríamos el "espacio exterior"). El pensamiento hebreo concebía muchos "estratos" (Pablo visitó el "tercer cielo", en lo que probablemente fue una "experiencia extracorporal"). El "cielo más alto" era la morada de Dios, por encima de toda su creación.

La distancia entre el cielo y la tierra es la clave de la enseñanza bíblica sobre el cielo. Es relativa, ya que se mide en términos espirituales y no físicos. En la creación, están tan cerca que el Dios "Altísimo" puede dar un paseo nocturno por el jardín del Edén (Gn 3:8). Pero la "caída" rebelde del hombre (y de la mujer) crea un gran abismo, que subyace en el resto del Antiguo Testamento. Dios parece lejano, muy lejano. Para hablar con él, uno debe "llamar"; ¡la adoración debe ser un ruido alegre! El sueño de Jacob de una larga escalera que se extiende desde la tierra hasta el cielo es típico y explica por qué los ángeles son tan prominentes en el Antiguo Testamento: actúan como mensajeros mediadores. Incluso la ley de Moisés fue entregada por ángeles (Heb 2:2).

El cambio en el Nuevo Testamento es sorprendente. En

la persona de Jesús, el cielo vuelve a tocar la tierra. El reino de los cielos está "cerca". Una de las afirmaciones más sorprendentes que hizo Jesús fue: "Nadie subió al cielo, sino el que descendió del cielo; el Hijo del Hombre, *que está en el cielo*" (Jn 3:13; el énfasis es mío). Así que no dejó el cielo para venir aquí; ¡lo trajo consigo!

Ya hemos visto que la mayor parte de nuestra información sobre el infierno se encuentra en los labios de Jesús; lo mismo ocurre con el cielo. En última instancia, tenemos que confiar en su testimonio, en su totalidad (incluido lo que su Espíritu dice a las iglesias en el libro del Apocalipsis). Jesús era consciente del escepticismo humano sobre su conocimiento: "Si les he hablado de las cosas terrenales, y no creen, ¿entonces cómo van a creer si les hablo de las celestiales?" (Jn 3:12). Dijo que nunca habría suscitado falsas esperanzas en un asunto tan importante: "En el hogar de mi Padre hay muchas viviendas; si no fuera así, ya se lo habría dicho a ustedes. Voy a prepararles un lugar" (Jn 14:2). Cuando ascendió al cielo, simplemente volvía a casa. El cielo era, y es, el lugar al que realmente pertenece.

También es el lugar al que pertenecen los que creen en él. Hay un sentido real en el que el cielo es ya nuestro hogar. Los que han sido crucificados, sepultados y resucitados con él (Gá 2:20; Ro 6:4) también han ascendido con él y ya están sentados con él en las regiones celestiales (Ef 2:6). Aunque nuestros sentidos físicos nos digan con demasiada frecuencia y fuerza que todavía estamos aquí abajo en la tierra, nuestra verdadera vida "está escondida con Cristo en Dios" (Col 3:3).

Cuando el cuerpo muera, nuestra conciencia total será la del espíritu y, por tanto, solo la de aquellos lugares celestiales en los que ya hemos sido bendecidos (Ef 1:3). Entonces estaremos verdaderamente "ausentes del cuerpo y presentes al Señor" (2Co 5:8). Aunque sin cuerpo (Pablo lo llama "desvestido"), ese estado es, sin embargo, "muchísimo mejor" (Fil 1:23).

Dicho esto, probablemente induzca a error describir esta transición como "ir al cielo", como a menudo se hace. En sentido estricto, el cielo es un "lugar" para espíritus encarnados y, por tanto, pertenece a esa tercera fase de nuestra existencia que está más allá de la segunda venida de Jesús, de la resurrección general y del Día del Juicio. "Y si me voy y les preparo lugar, vendré otra vez, y los llevaré conmigo, para que donde yo esté, también ustedes estén" (Jn 14:3). ¿Cómo será ese "lugar"?

COSMOS RENOVADO

El propósito de Dios en la redención es mucho mayor que llevar gente al cielo. Su intención es redimir a toda su creación, no solo a sus criaturas humanas. Tiene la intención de "hacer nuevas todas las *cosas*" (Ap 21:5). Por tanto, habrá un cielo nuevo y una tierra nueva, que no existen en la actualidad; de hecho, todo un universo nuevo. El universo actual habrá "pasado" (la frase que solemos utilizar para referirnos a la muerte). Será destruido por el fuego (2P 3:10), lo que quizá signifique que cada átomo se dividirá, liberando su energía inherente. En ese caso, el mundo acabaría en un holocausto nuclear, pero provocado por Dios y no por el hombre.

A muchos les sorprenderá que la tierra tenga un futuro o, más correctamente, que habrá una tierra futura. La iglesia se ha concentrado tanto en el cielo que ha pasado por alto esta nueva tierra (dejándola en manos de algunas sectas) o, en los últimos tiempos, ha asumido tanto la preocupación ecológica por la vieja tierra que se ha olvidado de la nueva tierra. Aunque los cristianos deberían tener una preocupación legítima por la explotación y la contaminación que estropean nuestro planeta, no comparten el pánico de quienes piensan que ésta es la única tierra que tendremos y que, si la arruinamos, la raza humana se extinguirá. El Dios que hizo este mundo puede hacer otro, y lo hará. Lo poblarán quienes tengan un sentido de responsabilidad hacia su Creador así como hacia la creación (significativamente, la palabra "naturaleza" no se utiliza en las escrituras, y mucho menos "Madre Naturaleza"; los cultos a la diosa de la fertilidad son condenados rotundamente como idolatría).

La nueva tierra (y cielo) proporcionarán un entorno para quienes tienen cuerpos nuevos. De hecho, toda la creación gime ya con frustración hasta que nuestros cuerpos sean redimidos (Ro 8:22s). Nuestra esperanza no es solo "ir al cielo", sino vivir en un cielo y una tierra nuevos, por los que podremos movernos tan libremente como lo hizo Jesús en su ascensión. El nuevo cielo y la nueva tierra estarán tan cerca el uno del otro como lo estaban en los albores de la creación. Es notable lo mucho que se parecen los dos últimos capítulos de la Biblia a los dos primeros: incluso el árbol de la vida reaparece tras su larga ausencia (Gn 2:9; Ap 22:2).

La vida estará centrada, como ocurre ahora, en la ciudad, pero entonces en una diseñada y construida por el propio Dios y el Carpintero de Nazaret. Incluso Abraham conocía este proyecto (Heb 11:10), lo que puede explicar por qué se contentó con dejar su casa de ladrillos a la edad de ochenta años y vivir en una tienda de campaña durante el resto de su vida, ¡un caso clásico de satisfacción aquí inspirada por la compensación en el más allá!

La "nueva Jerusalén" será una vasta conurbación que albergará a millones de personas, pero será de una "escala humana" (los arquitectos urbanos han luchado con esta combinación, pero Dios tendrá la solución ideal al problema). Las dimensiones dadas significan que toda la ciudad cabría dentro de la luna, si fuera hueca; alternativamente, cubriría dos tercios del continente europeo. Como la anchura, la longitud y la altura son iguales, su forma será un cubo o una pirámide.

Los materiales con los que se construirá serán a la vez puros (el oro puro es blanco, casi transparente, en lugar del amarillo o el verde que conocemos) y preciosos (lo que conocemos como piedras preciosas). La elección de estas últimas es notable, a la luz de los modernos descubrimientos científicos. Las piedras enumeradas en Apocalipsis son todas extremadamente duras (7 o más en la escala de Mohs) y todas son "anisotrópicas" a la luz pura (cuando se observan con luz refractada a través de un filtro de polarización cruzada, producen todos los colores del arco iris en una variedad infinita de patrones, cualquiera que sea su color original). No se utilizan piedras que sean "isotrópicas" (como los diamantes o los rubíes, que pierden todo el color con esa luz). Esta diferencia no podría haber sido conocida por el "Juan" que escribió Apocalipsis, y es otra prueba sorprendente de que Dios inspiró las escrituras. Hay una distinción más, que puede haber sido conocida entonces. Todas las piedras utilizadas tienen una forma de cristal más o menos oblonga, con ángulos agudos (trigonal, tetragonal o hexagonal) y, por lo tanto, son más fáciles de usar en la construcción juntas, mientras que las piedras preciosas no utilizadas son achatadas y redondeadas (los cristales son "cúbicos").

El agua correrá por el centro de la ciudad, una característica de muchas ciudades antiguas y nuevas (tanto en Brasilia como en Canberra, los valles fueron represados para crear esta característica). Las puertas estarán siempre abiertas, pues la seguridad no será un problema. Construida en el cielo, será transportada a la tierra (así que Dios fue el primero en pensar en construir una ciudad en el espacio). Su calidad estética será impresionante, como el aspecto de una novia en su boda.

¿Cómo será la vida en esta megalópolis y en sus alrededores?

CONDICIÓN REDIMIDA

La vida en el nuevo cielo y la nueva tierra puede describirse de dos maneras: negativa (las características de nuestra vida actual que estarán ausentes) y positiva (las nuevas características que estarán presentes). Enumeramos siete bajo cada título, comenzando por el primero.

No habrá sexo. ¡Y ni siquiera lo echaremos de menos! Jesús dejó bien claro que seremos "como los ángeles, que ni se casan [como los hombres] ni se dan en matrimonio [como las mujeres]". Como ellos "no pueden morir", no necesitan reproducirse ni proveer una vida familiar para criar a los jóvenes (Lc 20:35s). Así que nuestras relaciones matrimoniales son solo "hasta que la muerte nos separe". Las relaciones de sangre también se habrán disuelto.

No habrá sufrimiento. Los hospitales serán olvidados, y los médicos y las enfermeras serán redundantes. Las discapacidades y deformidades no estropearán nuestros "gloriosos" cuerpos, aunque las cicatrices ganadas en el servicio del reino pueden permanecer como "honores de batalla", como lo hicieron las huellas de los clavos en el cuerpo del Señor Jesús (Jn 20:27). Pablo tenía muchas de ellas (2Co 11:24s; Gá 6:17).

No habrá separación. La vida aquí está llena de "despedidas". La distancia y la muerte interfieren constantemente en nuestras relaciones. Quizá por eso "el mar no existe" (Ap 21:1); nadie "viajará a ultramar".

No habrá tristeza. Una de las afirmaciones más hermosas que se hacen sobre nuestro Padre celestial es que "les enjugará toda lágrima de los ojos" (Ap 21:4), como si dijera: "Ya, ya, todo terminó. No hay que llorar más".

No habrá sombra. La luz pura (pero no la del sol) llegará a todos los rincones y brillará todo el tiempo. No habrá oscuridad, ni noche, ni postes de luz en las calles de oro.

No habrá santuario. Ninguna aguja, campanario o torre de templo o iglesia romperá el horizonte. Todos los edificios serán residenciales; ninguno será religioso (¡no habrá llamamientos para la reparación de catedrales!). Se podrá adorar a Dios en cualquier lugar y en cualquier momento.

No habrá pecado. Nada contaminará ni ensuciará. El orgullo y la avaricia, la envidia y los celos, la lujuria y la mentira, todas esas cosas habrán desaparecido. Ni siquiera habrá tentaciones, ni frutos prohibidos (el árbol del conocimiento del bien y del mal no reaparecerá con el árbol de la vida). Allí todo se podrá disfrutar libremente. ¡Eso será el cielo!

Aun las cosas negativas son una buena noticia; cuánto más las positivas.

Habrá descanso. No sentados o tumbados sin hacer nada, sino caminando y trabajando sin cansancio. La actividad estimulante nos mantendrá constantemente refrescados; esa es la esencia de la "recreación". Pero la raíz del "descanso" será la paz interior del alma (*shalom*, la primera palabra que usó Jesús después de su resurrección) que está en perfecta armonía consigo misma, con su entorno, con sus compañeros y con su Creador.

Habrá recompensa. No hay que pensar en el cielo como una república socialista igualitaria en la que todos son iguales. Habrá grandes diferencias, compensaciones por una fidelidad especial mientras estuvimos en la tierra. Algunos llevarán coronas de honor y gloria. Todos "resplandecerán como estrellas" (Dn 12:3), pero "cada estrella tiene su propio brillo" (1Co 15:41). Los perseguidos, y especialmente los martirizados, tendrán grandes recompensas (Mt 5:11s).

Habrá responsabilidad. Serviremos al Señor día y noche (Ap 7:15); ¡turnos de veinticuatro horas! ¿Qué tipo de trabajo será? No tenemos ni idea. Pero lo que sí sabemos es que la forma en que hagamos nuestro trabajo en la tierra (sea el que sea, el de ama de casa, misionero o taxista) decidirá la calidad del trabajo que hagamos allí (al Señor no le interesa tanto el trabajo que hagamos como la forma en que hagamos el trabajo que tenemos).

Habrá revelación. "Conoceremos plenamente, como hemos sido conocidos" (1Co 13:12). El Dios que sabe cuántos cabellos tenemos en la cabeza (la gama va de noventa a ciento veinte mil, según seamos morenos, rubios o pelirrojos) compartirá con nosotros todos sus secretos. Obtendremos respuestas a todas nuestras preguntas teológicas (¿encontrarán los calvinistas y los arminianos que ambos tenían razón?) y las relacionadas con la providencia (por qué él permitió grandes catástrofes y tragedias personales).

Habrá reconocimiento. ¿Cómo nos conoceremos entre nosotros, especialmente los que murieron muy jóvenes o muy viejos, cuyos nuevos cuerpos estarán en la flor de la vida? La respuesta es: de la misma manera que Pedro, Santiago y Juan reconocieron a Moisés y a Elías en el Monte de la Transfiguración, aunque nunca los habían conocido y habían muerto siglos antes. Por cognición inmediata, realización instantánea.

Habrá justicia. Ahí "morará la justicia" (2P 3:13). La bondad positiva pertenece realmente a ese lugar y será totalmente "adecuada". El cielo es la fuente de todo lo que es correcto. Todo el carácter del lugar se verá correcto, se sentirá correcto y será correcto. Ninguna contaminación moral estropeará el entorno. Por desgracia, nos hemos acostumbrado tanto al mal que es casi imposible imaginar un mundo sin él. Sin embargo, llegará.

Habrá regocijo. Si los ángeles hacen una fiesta cuando un pecador se arrepiente, ¿cómo será el ambiente cuando entren los santos marchando? ¿Y cómo se sentirán los pecadores perdonados cuando se den cuenta de que por fin están a salvo en casa, con todas las pruebas y problemas detrás de ellos? No es de extrañar que el cielo se represente como una fiesta de celebración. Será el mayor banquete de la historia. Jesús volverá a beber vino (Mr 14:25), pero ha elegido ser el camarero para servir la comida (Lc 12:37; note que el contexto nos recuerda que el banquete es para los que están vestidos adecuadamente y listos para esperar). Pero lo mejor no será la comida ni la bebida, sino la compañía.

COMUNIDAD RECONCILIADA

El cielo se resume mejor en la palabra "hogar". Pero ¿qué es un hogar? ¿Solo un lugar para vivir? No. Eso es una casa. ¿Qué convierte una casa en un hogar? No la propiedad personal ni los muebles familiares, sino las relaciones relajadas. El hogar es donde uno ama y es amado.

Hemos esbozado *qué* será el cielo, pero la cuestión más importante es *quiénes* estarán allí. Esto es el corazón del cielo.

Los *santos* estarán allí. Las grandes figuras de la fe del Antiguo Testamento (enumeradas en Hebreos 11) estarán allí; incluso ahora están esperando que nos unamos a ellos. Los apóstoles del Nuevo Testamento estarán allí, así como los héroes y heroínas de dos mil años de historia de la iglesia. Reunirse con todos ellos será un santo privilegio. Pero alrededor de estos nombres conocidos habrá una "una multitud tomada de todas las naciones, tribus, pueblos y lenguas" (Ap 7:9), que solo ha sido conocida por Dios, pero que entonces podrá ser conocida por nosotros. ¡Cuántos nuevos amigos tendremos, y toda la eternidad para conocerlos!

Los *ángeles* estarán allí. Miles de ellos. Tal vez reconozcamos a algunos que han estado en nuestras calles, casas e incluso coches (si siempre tuvieran alas y arpas, sería un poco difícil "hospedarlos sin darse cuenta"; Heb 13:2). Cuando descubramos cuántas veces nos han protegido y ayudado, probablemente nos sorprenderemos y nos sentiremos agradecidos. Mayor será nuestra sorpresa al descubrir que entonces nos posicionaremos por encima de ellos en el orden creado. Aunque el hombre fue hecho un poco más bajo que los ángeles (Sal 8:5), nuestra humanidad en Cristo ha sido elevada por encima de ellos (Heb 2:5-10). Ellos serán nuestros servidores. ¡Qué bien cuidaron de Lázaro, el mendigo, en cuanto dejó este mundo (Lc 16:22)!

Jesús estará allí. Qué alegría tendrá al ver el resultado de los trabajos de su alma, y quedará satisfecho (Is 53:11). Y qué alegría tendremos nosotros al verlo tal y como es y poder agradecerle personalmente todo lo que sufrió para hacer posible que estemos allí. Ya tiene unos doscientos cincuenta nombres y títulos, cada uno de los cuales querremos utilizar cuando nos dirijamos a él. ¿Cómo se dirigirá a nosotros? ¿Tendrá un nuevo nombre para cada individuo (Ap 2:17), que describa lo que esa persona significa para él? Sabemos que colectivamente no se avergüenza de llamarnos "hermanos" (Heb 2:11). Sin embargo, al igual que el Espíritu Santo dirige la atención lejos de sí mismo y hacia el Hijo, el Hijo dirigirá la atención fuera de sí mismo hacia el Padre. Él vino a nosotros para poder llevarnos al Padre. Solo reclamó los reinos de este mundo para poder devolverlos al Padre, "para que Dios sea todo en todos" (1Co 15:28).

Por fin hemos llegado al punto culminante: *Dios* estará allí. El cielo es la casa del Padre, su hogar familiar. Su deseo de tener una familia más numerosa se cumplirá por fin. Y lo veremos cara a cara; ya no a través del tenue reflejo de un espejo (1Co 13:12). Esta era la comunión íntima de la que siempre había gozado su Hijo único (Jn 1:1 dice literalmente que "el Verbo estaba cara a cara con Dios"). Ahora, los seres humanos reconciliados y restaurados tendrán también el mismo privilegio indecible de mirar el rostro del Padre y ver su expresión de amor. Los santos de todas las épocas han anhelado y esperado esta visión beatífica. "Dichosos los de corazón limpio, porque ellos verán a Dios" (Mt 5:8).

¿Dónde ocurrirá todo esto? La respuesta es la mayor sorpresa de todas, y quizás la más maravillosa. No "iremos al cielo" para estar con Dios; ¡él viene a la tierra para estar con nosotros! La "nueva Jerusalén" desciende del cielo (Ap 21:10). Pero no es solo un nuevo lugar para nosotros, sino que también será el nuevo hogar de Dios. Él se mudará, cambiará de domicilio. A partir de ahora, será "Padre nuestro que estás en la tierra...". La Biblia no dice que nuestra morada estará con él; el ángel grita maravillado: "¡Aquí, entre los seres humanos, está la morada de Dios! Él acampará en medio de ellos, y ellos serán su pueblo; Dios mismo estará con ellos y será su Dios" (Ap 21:3). El Dios que caminó en el Edén se mudará con nosotros. La nueva tierra será el centro del nuevo universo. El nombre "Emanuel" ("Dios con nosotros") adquirirá un significado totalmente nuevo. Tener al Hijo con nosotros en la tierra ya era una maravilla; tener también al Padre aquí solo puede llenarnos de un asombro sobrecogedor.

En verdad, "Ningún ojo ha visto, ningún oído ha escuchado, ninguna mente humana ha concebido lo que Dios ha preparado para quienes lo aman" (1Co 2:9, citando a Is 64:4). Pero la Biblia no permite que nos dejemos llevar por la irrealidad al contemplar tales maravillas. Los mismos dos capítulos que nos dan más información nos bajan a la tierra de nuevo de un hondazo, recordándonos que todavía hay seres humanos "afuera" de todo esto y en el "lago de fuego" (Ap 21:8; 22:15). Las alegrías del cielo en la tierra son para aquellos que "siguen venciendo" las tentaciones y las pruebas, y que "siguen lavando" sus ropas (Ap 21:7; 22:14).

De modo que aun en el contexto de la revelación de la gloria venidera, el Señor incluye advertencias sobre el infierno. A este reto debemos volver en el último capítulo. ¿Por qué deberíamos incluir también el infierno en nuestra predicación y enseñanza, incluso cuando hablamos del cielo?

7

LA PERTINENCIA

¿Habría alguna diferencia real si el tema del infierno se eliminara por completo de nuestra predicación y enseñanza? ¿Podría esa omisión mejorar nuestras relaciones públicas? ¿Su inclusión ha demostrado ser una desventaja innecesaria?

El debate sobre estas cuestiones no es totalmente especulativo, ya que la mayoría de las iglesias de Europa y muchas de Norteamérica ya han eliminado el infierno de su credo. Sería osado quien afirmara que estas iglesias han mejorado notablemente en cantidad o calidad (las pruebas parecen apuntar en la dirección contraria). Sin embargo, muchos afirman un aumento de la salud mental por la reducción, incluso la eliminación, de esos "temores mórbidos".

Por supuesto, la cuestión pragmática de mantener o rechazar la enseñanza tradicional sobre el tema se basa en la cuestión previa de si es verdadera o no. El debate sobre la *pertinencia* del infierno solo puede ser emprendido por quienes están convencidos de su *existencia*.

Incluso si se ha establecido la verdad del infierno y es

aceptada, aún quedan otras cuestiones por plantear. Por ejemplo, ¿cuán prominente debe ser el lugar que ocupa? ¿Debe estar en el primer plano o en el fondo de nuestro pensar y de nuestro hablar?

Los ejemplos extremos abundan. Hay predicadores que dan la impresión de "solo eso" y otros que cubren "todo menos eso". Llegar a un equilibrio satisfactorio requiere un estudio preliminar de la relación entre la creencia en el infierno y otras cuestiones de creencia y comportamiento.

De nuevo, estudiaremos sus efectos en los incrédulos y en los creyentes por separado. ¿Cuál es la influencia motivadora del infierno en la evangelización de los primeros y la edificación de los segundos?

EVANGELIZAR A INCRÉDULOS

Algunos se preguntarán por qué hay que discutir esto siquiera. Les parece tan obvio que los pecadores necesitan ser salvados del infierno y que será de ayuda decirles que se dirigen allí. ¿Qué más hay que decir? Por cierto, este pensamiento ha proporcionado el principal motivo y la fundamentación simple de muchos esfuerzos misioneros en el pasado. Hombres y mujeres han ido a los confines de la tierra para rescatar a sus semejantes de "una eternidad perdida". Su celo surgió de un sentido de urgencia. Había que rescatar a los que perecían antes de que murieran.

Los misioneros más fervorosos, aunque no siempre los más sabios, siguen motivados por esta carga. Pueden caer en métodos simplistas y errores culturales, pero no se puede cuestionar su entusiasmo. Por otra parte, los estrategas misioneros que consideran que un enfoque más maduro puede prescindir de esa inspiración aún no han demostrado que eso estimule un celo mayor, o incluso igual.

No obstante, debemos afrontar el hecho de que el infierno no ocupó un lugar destacado en la predicación evangelizadora de Jesús o de los apóstoles. No eran propensos a "colgar a los pecadores sobre la fosa". Tampoco utilizaron descripciones detalladas del sufrimiento interminable para persuadir a sus oyentes de que buscaran una salida a sus tormentos. ¿Indica esto, quizás, la necesidad de ver a los pecadores en este peligro, pero no necesariamente de *decírselo*? ¿El infierno existe para motivar al evangelizador más que al evangelizado?

No es tan sencillo. Por un lado, Jesús y los apóstoles hablaron libremente de un juicio futuro, y esto era una característica integral en su predicación del evangelio. El juicio implica inevitablemente una recompensa y un castigo, y sería sorprendente que no hubiera curiosidad por la naturaleza de éstos. Dicho de otro modo, el evangelio incluye malas noticias sobre la ira de Dios así como buenas noticias sobre su misericordia. Y esta ira, que se está acumulando en el presente, se desbordará en el futuro (Jn 3:36, Ro 2:5 y Ap 6:17 son solo tres ejemplos de un hilo conductor que recorre todo el Nuevo Testamento). Juan el Bautista había iniciado la tendencia de exhortar a sus oyentes a "huir de la ira venidera" (Lc 3:7).

Como los primeros predicadores se dirigían a los judíos,

podríamos suponer que estos ya entendían y creían en el concepto de infierno. Ya hemos señalado que el uso de "Gehena" como metáfora del infierno puede no haber sido original de Jesús. Los fariseos ciertamente creían en él, aunque no, por supuesto, para ellos mismos (los saduceos no creían en absoluto en la vida futura). El infierno tampoco era una idea desconocida en el mundo gentil. Un nombre griego para él (tártaro) se recoge en el Nuevo Testamento (2P 2:4).

Así que tal vez se hablaba poco del infierno porque se necesitaba decir poco. Pero esto roza el "argumento desde el silencio", que puede utilizarse en ambos sentidos (si una cosa no se menciona puede significar que todo el mundo lo creía o que nadie lo creía). Lo que está claro es que el tema del juicio era incluido sistemáticamente, lo que por implicación incluye claramente el castigo.

Profundicemos un poco más. ¿Hasta qué punto es esencial el infierno para el evangelio, aunque no sea prominente? Un teólogo del siglo XIX llegó a decir: "Si rechazamos lo que la Biblia nos dice sobre el infierno, no podremos entender el glorioso evangelio del bendito Dios" (W. C. T. Stead, en *Dogmatic Theology*, 1871). Muchos teólogos del siglo XX no estarían de acuerdo. ¿Tienen ellos razón o la tenía él?

El infierno subraya la gravedad del pecado. Es prácticamente imposible que el hombre pecador aprecie lo ofensivo que es su pecado para un Dios santo o lo atroz que es su rebelión contra el gobierno del cielo. Si el infierno es lo que el pecado merece, entonces debe ser tomado mucho más en serio de lo que tendemos a tomarlo. Todos los pecados son "mortales", una cuestión de vida o muerte.

Esto, a su vez, afectará a nuestra visión de la *expiación*. ¿Hasta qué punto era necesaria la muerte de Cristo en la cruz? ¿Qué consiguió esta muerte? La creencia en el infierno inclina la mente a aceptar teorías "objetivas" que ven la expiación en términos de satisfacción (pagó la pena del pecado para satisfacer la justicia divina) y sustitución (tomó nuestro lugar de culpa y vergüenza). La falta de creencia en el infierno tiende a ver la cruz bajo una luz más "subjetiva" como una exhibición (del amor de Dios) o un ejemplo (de pagar el precio supremo por lo que es correcto); la formación de la palabra en inglés (*"at-one-ment"*) indica reconciliación más que compensación. Por supuesto, hay excepciones a esta generalización y algo de verdad en todas las teorías, pero sigue siendo cierto que la cruz se ve de forma bastante diferente a la luz (o más bien, a la oscuridad) del infierno.

Sobre todo, nuestra comprensión de *Dios* mismo se ve profundamente afectada por nuestra actitud ante el infierno. Los que no pueden creer que Dios pueda arrojar a alguien al infierno (incluso a un infierno que aniquila en lugar de atormentar) tendrán en última instancia una imagen de Dios más sentimental que bíblica, una imagen nacida de su propio pensamiento, en lugar del Dios que realmente es y que se ha revelado en Jesús. El "Padre amoroso" (algo que es) tenderá a desplazar al "Rey soberano" y al "Juez imparcial" (algo que también es). Esta teología "reduccionista" no puede hacer justicia a los datos del

Nuevo Testamento, por no hablar de toda la Biblia.

Es significativo que los que ya no predican el infierno suelen ser extrañamente mudos sobre el juicio futuro, e incluso parecen menos seguros sobre el cielo, lo que puede no ser una coincidencia (ha habido un desplazamiento general de predicar sobre el próximo mundo a comentar sobre éste). No es ajeno a ello la definición de la culpa en términos psicológicos más que morales, que necesita terapia más que perdón, y ciertamente no merece castigo.

Hoy, muchos se preguntan si es posible que "todo el mundo se calle la boca y quede convicto delante de Dios" (Ro 3:19). Si todas las religiones, practicadas sincera y devotamente, son caminos diferentes hacia Dios y si todos los seres humanos son inocentes hasta que rechazan el evangelio, y si no pueden rechazarlo hasta que hayan recibido una presentación completa, incluso perfecta, del mismo, entonces el motivo misionero de salvar a los culpables del infierno es un anacronismo obsoleto, y cuanto antes nos deshagamos de él, mejor. Pero si, como sostiene Pablo, "tanto los judíos como los gentiles están bajo el pecado. Así está escrito: 'No hay un solo justo, ni siquiera uno; no hay nadie que entienda, nadie que busque a Dios'"; Ro 3:9s, entonces el motivo sigue siendo válido.

Pero ¿y la *predicación* del infierno? Si bien puede y debe motivar al predicador, ¿debe utilizarse para motivar al oyente a responder? Muchos estarían de acuerdo con el piadoso Richard Baxter de Kidderminster en que: "Atemorizar a los hombres no renovará su naturaleza ni encenderá en ellos el amor a Dios y a la santidad". Pero también fue lo suficientemente honesto como para admitir que, de los seiscientos miembros de su iglesia, solo conocía a dos que no habían sido conducidos a la salvación por su convicción del peligro eterno. El Dr. Isaac Watts fue más allá (¡literalmente!) cuando dijo que en todo su ministerio solo había conocido a una persona que no fuera "despertada" por ese temor.

No faltan voces de protesta, cuya perspectiva altruista es muy crítica con cualquier "apelación al interés propio". Citan el himno de Francisco Javier (1506-52):

> No me mueve, mi Dios, para quererte
> el cielo que me tienes prometido;
> ni me mueve el infierno tan temido
> para dejar por eso de ofenderte.

Sin embargo, esta es la devoción de un santo maduro, no de un pecador desesperado que pide al Señor ser salvado. ¿Es el interés propio lo que impulsa a un hombre que se está ahogando a agarrar la cuerda que le lanzan? Por supuesto que sí. ¿Debería detenerse a examinar sus motivos antes de agarrarla (¿Lo hago por el bien de mi familia, de la humanidad o solo por mí mismo? ¿Debo hacerlo para complacer a quien me ha lanzado la cuerda?)? ¿Es posible siquiera darse cuenta de la necesidad de salvación sin ningún interés propio? ¿No apeló Jesús al interés propio con su invitación: "Vengan a mí todos ustedes que están cansados y agobiados, y yo les daré descanso" (Mt 11:28)? ¿Podría alguien mencionar el infierno sin apelar al interés propio? ¿O el cielo?

Admitamos libremente que el infierno puede ser, y ha sido, predicado de manera equivocada. Dos abusos han provocado una ofensa innecesaria.

Algunos han utilizado su imaginación para ir mucho más allá de los límites de las escrituras, pintando cuadros escabrosos y sensacionales de los tormentos sufridos. Esta exageración injustificada ha transformado a veces un temor sano (que conduce a una acción apropiada) en una fobia malsana (que paraliza). Ciertamente, Jesús veía el infierno con el máximo horror que debía evitarse a toda costa; pero nunca trató de manipular las emociones de sus oyentes amplificando sus temores con descripciones detalladas. Podemos estar agradecidos de que cada vez más personas sigan su ejemplo y se abstengan de los antiguos excesos.

Una ofensa más sutil ocurre cuando el infierno es predicado por quienes obviamente no lo temen para sí mismos. Cuando a los pecadores se les dice que se dirigen al infierno por parte de quienes están seguros de que se dirigen al cielo, no es de extrañar que se produzca una reacción negativa, ya que el mensaje parece tener tintes de arrogancia. Es de esperar que el énfasis de este libro en el hecho de que la mayoría de las advertencias de Jesús sobre el infierno fueron dadas a sus propios discípulos (¡lo que parece haber sido pasado por alto o ignorado por todos los demás escritores que este autor ha estudiado!) comience a corregir esta actitud. Tal vez el horror del infierno solo puede ser comunicado adecuadamente por aquellos que son conscientes de su propio riesgo, con una humildad que es fácilmente evidente para la audiencia (el Jesús sin pecado sería, por supuesto, una excepción a esta observación). La doctrina del infierno puede ser manejada con seguridad por los que tienen un respeto existencial por ella, los que se predican a sí mismos y a los demás, los que dicen: "como sabemos lo que es temer al Señor, tratamos de persuadir a todos" (2Co 5:11).

Desde un punto de vista, el infierno es una buena noticia. Nos asegura que Dios no es indiferente al mal. No se permitirá que la mezcla de bien y mal en nuestro mundo continúe indefinidamente. Los malvados serán juzgados, descartados, aislados. Este es un universo moral. Pero esto es una mala noticia, una muy mala noticia, para todos los que disfrutan de su maldad y se aferran al mal de manera que se convierte en parte de su personalidad. Y Dios solo puede eliminar el pecado echando al pecador. Si un pecador no está dispuesto a separarse de sus pecados, perecerá con ellos.

Así que el infierno debe ser predicado como parte de "todo el propósito de Dios" (Hch 20:27), pero en un equilibrio adecuado con todas las demás partes. Y la manera debe ser correcta, así como el mensaje: con temor y con lágrimas. Puesto que Dios no se complace en la muerte de los malvados, ningún predicador debe permitirse el placer sádico de regodearse en el destino de los enemigos del evangelio.

Es más seguro para el evangelista tener el infierno más

frecuentemente en su corazón que en sus labios. Esto alimentará su fervor, aumentará la urgencia de su apelación. ¿No fue el General Booth quien dijo que, si pudiera, incluiría quince minutos en el infierno en el entrenamiento de todos los oficiales del Ejército de Salvación? Él sabía que eso mantendría sus prioridades correctas, así como aseguraría su devoción al objetivo principal.

Ya estamos pasando del lugar del infierno en la predicación a los incrédulos a su aplicación en la enseñanza de los creyentes. Demos ahora ese paso.

EDIFICAR A CREYENTES

A juzgar por el ejemplo de nuestro Señor, ¡es más importante recordar el infierno a los santos que a los pecadores! Volvemos a recordar ese texto clave en el que Jesús dijo a sus apóstoles, al enviarlos a su misión, que "teman a aquel que puede destruir (arruinar) alma y cuerpo en el infierno" (Mt 10:28; vea Estudios de escrituras A para la interpretación de que "aquel" se refiere a Dios, y no al diablo).

Aquí está la pista: el *temor* del Señor. En el Antiguo Testamento, éste es el "principio del conocimiento" (Pr 1:7). En el Nuevo Testamento es un motivo igual de válido para vivir correctamente. Debemos "ocuparnos en nuestra salvación con temor y temblor" (Fil 2:12). Hay constantes exhortaciones a temer a Dios (p. ej., 1P 2:17; Ap 14:7).

Traducir "temor" como "reverencia" es malinterpretar su significado y reducir su impacto. Es mucho más que el respeto por lo que Dios *es*. Es el temor a no alcanzar lo que nos ha prometido (Heb 4:1). Es el temor al rechazo final por parte de él y a la separación de él. Es el temor a lo que Dios puede hacer y *hará*.

El temor a Dios y el temor al infierno están estrechamente relacionados, aunque no son idénticos. Es raro que el primero sobreviva la pérdida del segundo. Tal vez un día alcancemos ese amor "perfecto" que echa fuera el temor, incluso en esta vida; pero hasta que lo hagamos, una mezcla de temor y amor es posible y necesaria. Hay cinco beneficios para el creyente de un saludable temor al infierno.

1. *Diligencia en la evangelización.* Esto ya se ha discutido en la sección anterior. La tarea de la evangelización es "rescatar a los que perecen, cuidar a los moribundos, arrancarlos con piedad del pecado y de la tumba" (como dice el viejo himno). Si la muerte es definitiva y el infierno es permanente, la tarea es urgente.

Jesús nos dejó muchos mandatos, pero el último que dio (mencionado en los cuatro evangelios entre la resurrección y la ascensión) fue hacer discípulos de todas las naciones, predicar el evangelio a toda criatura, ofrecer arrepentimiento y perdón, enviados al mundo como el Padre envió al Hijo, con compasión para buscar y salvar a los perdidos. El celo por la tarea tiende a decaer cuando se pierde el significado pleno de la palabra "perdido".

Uno de los mayores desfiles que se celebraron en Nueva York fue el de los bomberos de la ciudad. Por delante de los bomberos uniformados y sus camiones desfilaron cientos de ciudadanos vestidos de civil, todos los cuales habían sido salvados de una muerte horrible por los bomberos. Dios quiera que ocurra lo mismo cuando "los santos entren marchando".

2. *Reverencia en la adoración.* Un escritor del Nuevo Testamento hace el siguiente llamado: "Seamos agradecidos. Inspirados por esta gratitud, adoremos a Dios como a él le agrada, con temor reverente" (Heb 12:28s, citando a Dt 4:24 y 9:3). Aquí se mencionan dos dimensiones de la verdadera adoración, que a menudo faltan en los cultos y reuniones contemporáneos.

La primera es *sobrecogimiento*. Hay mucha familiaridad pero poco temor en muchos actos de alabanza hoy en día. Hay poco sentido de estar en el borde del cráter de un volcán activo cuando llegamos a la presencia del Todopoderoso. ¿Hemos olvidado con qué facilidad podría destruir nuestros cuerpos y almas en el infierno? Incluso los "cuáqueros", a los que se les dio ese apodo porque temblaban (en inglés, *quaked*) en su presencia, ahora prefieren llamarse "Sociedad de Amigos".

La segunda es *gratitud*. Es habitual dar gracias al Señor por nuestras bendiciones, tanto las que compartimos con no creyentes como las que disfrutamos como creyentes. Pero la nota más profunda de gratitud llega cuando recordamos cuál habría sido nuestro destino inevitable si Jesús no hubiera estado dispuesto a experimentar el infierno en la cruz por nosotros. La Cena del Señor es más probable que sea el acto central de la adoración cuando es una expresión de corazón de agradecimiento (*eucharisto* es la palabra griega para "gracias") por su "descenso al infierno".

3. *Perseverancia en el servicio.* El destino de las que no mantuvieron sus lámparas preparadas, los que no utilizaron sus talentos o no ministraron a los "hermanos" del Señor es un recordatorio aleccionador de nuestras responsabilidades.

La fe se ejerce y se demuestra por la fidelidad (como ya hemos señalado, las dos palabras inglesas/españolas son las mismas palabras en hebreo y griego). El justo vivirá manteniendo la fe (Heb 2:4; note cómo este versículo es utilizado por escritores del Nuevo Testamento para enfatizar la confianza y la obediencia persistentes en Ro 1:17 y Heb 11:38s).

No se trata de salvación por obras, sino de salvación por fe continua, una fe que actúa a través del amor (Gá 5:6), tanto del amor al Señor como del amor a los demás. Jesús hizo de la observancia de sus mandamientos la autentificación del amor (Jn 14:21; 15:10).

4. *Obediencia en santidad.* Una creencia en el infierno profundiza la comprensión de la santidad divina y refuerza la necesidad de santidad en su pueblo (Lv 11:44s; 1P 1:16; también Ef 1:4; 1Ts 4:7). Hace siglos, un laico británico suplicó al pueblo de Dios: "Esforcémonos, pues, con todas las fuerzas a nuestro alcance, en superar nuestros hábitos de pecado y sumergirnos profundamente en las actividades de santidad y justicia, para que no pasemos por los sufrimientos de los condenados, sino que disfrutemos del estado bendito junto con los justos". Sus palabras son una poderosa paráfrasis

de un versículo del Nuevo Testamento ya citado más de una vez en estas páginas: "Busquen la …santidad, sin la cual nadie verá al Señor" (Heb 12:14), aunque hay que admitir que Agustín persuadió a las autoridades de la Iglesia romana para que tacharan al autor de estas palabras (Pelagio) de hereje (¡también se equivocó gravemente en otras cosas!).

El núcleo de la cuestión es el siguiente: ¿es necesaria la santificación, además de la justificación, para escapar del infierno y entrar en el cielo? ¿O es la santidad una especie de extra opcional que califica para una bendición adicional aquí y una recompensa adicional en el futuro? ¿Tenía razón el autor del himno al decir eso?

> Murió para que fuéramos perdonados,
> *Murió para hacernos buenos;*
> Para que pudiéramos ir por fin al cielo,
> Salvados por su preciosa sangre.

Por la forma en que algunos predican y practican la vida cristiana, se podría modificar esa segunda línea para que diga:

> Sin necesidad de ser buenos.

Pero necesitamos tanto ser perdonados como ser hechos buenos si queremos ir por fin al cielo. Esto quedaría claro en como cristal en la enseñanza de nuestro Señor en el Sermón del Monte, aunque ninguna otra escritura hiciera lo mismo.

Somos salvados *del* pecado, pero *para* justicia. El evangelio completo ofrece ambas cosas. Jesús es el Cordero de Dios que quita los pecados del mundo y bautiza en el Espíritu *Santo* (Jn 1:29, 33).

Demasiadas personas quieren una cosa sin la otra, perdón sin santidad. Esperan pasar de la justificación a la glorificación sin pasar por la segunda etapa de la santificación. Esto es aprovecharse de la misericordia divina. El Señor nos dice a cada uno de nosotros: "Tampoco yo te condeno. Ahora vete y no vuelvas a pecar" (Jn 8:11).

5. *Confianza en la persecución.* Cuando el Señor envió a sus discípulos de dos en dos, esperaba que encontraran hostilidad, sufrieran persecución e incluso enfrentaran el martirio. Podían verse afectados por el temor a sus vidas.

Los psicólogos confirman que los miedos menores pueden ser superados por un miedo mayor. Este fue el consejo de Jesús, en realidad un mandato, para ellos. Debían temer a Dios más que a los hombres, al infierno más que a la muerte. Temer a aquel que puede destruir el cuerpo y el alma en el infierno les haría perder el temor a cualquier otra cosa. Sería mucho, mucho peor perder la vida eterna que la vida temporal.

Así que el temor al infierno literalmente animará a los creyentes cuando estén bajo presión. Pondrá el sufrimiento presente en una verdadera perspectiva. "En nada se compara con la gloria que habrá de revelarse en nosotros" (Ro 8:18). Evitar el sufrimiento transigiendo simplemente no vale la pena. Los que niegan a Cristo ahora corren el terrible riesgo de ser repudiados por él más adelante (Mt 10:33; 2Ti 2:12). Desechar una herencia futura en aras del alivio presente puede significar una pérdida irrevocable, como descubrió Esaú, para su eterno pesar (Heb 12:16s; note que esto sigue al v. 14).

   Policarpo, uno de los primeros mártires cristianos, rehusó negar a Cristo cuando fue amenazado por fieras en la arena. El procónsul romano, frustrado, aumentó la presión: "Haré que seas consumido por el fuego, si desprecias a las fieras, si no cambias de opinión". Policarpo respondió: "Tú amenazas con fuego que arde durante una hora y se apaga pronto porque ignoras el fuego del juicio venidero y el castigo eterno reservado a los impíos".

* * *

De modo que la predicación del infierno tiene un lugar en la evangelización de los no creyentes y la enseñanza del infierno tiene un lugar en la edificación de los creyentes. Por el contrario, su ausencia puede debilitar seriamente la urgencia de ambos ministerios. La doctrina tiene un doble papel en el doble llamado de la iglesia de pescar y pastorear.

   Una parábola de Jesús combina los dos énfasis: la de la gran fiesta (Mt 22:1-14; vea Estudio de escrituras B para una exégesis detallada y una comparación con la versión de Lucas). Un rey prepara un banquete de bodas para su hijo. Cuando está listo, los invitados son informados, pero encuentran otras cosas que hacer. Este insulto enfurece al rey, que envía su ejército para destruirlos a ellos y a su ciudad. Decidido a llenar todos los asientos de la mesa, envía a sus sirvientes a persuadir a otros para que asistan. Hasta aquí, la historia es una advertencia de que no basta con recibir, o incluso aceptar, la invitación: lo vital es acudir cuando somos llamados.

Entonces llega el sobresalto. La mayoría de los invitados han acudido con sus mejores galas, pero uno no se ha molestado en cambiarse. Este nuevo insulto al rey y a su hijo es imperdonable (el silencio del hombre demuestra que no tenía excusa y que podría haberse puesto mejores ropas). Los asistentes lo atan de pies y manos y lo arrojan "a la oscuridad, donde habrá llanto y rechinar de dientes" (la descripción estándar de Jesús del infierno). La parábola se ha convertido ahora en una advertencia para aquellos que aceptan la invitación, acuden cuando son llamados, pero no hacen nada para estar presentables o dignos de la ocasión. Es muy significativo que este último incidente no se mencione en la versión de Lucas (un evangelio escrito para incrédulos), sino en la de Mateo (un evangelio escrito para creyentes).

La parábola concluye con un resumen de toda la situación: "Muchos son los invitados [originalmente], pero pocos los escogidos [finalmente]". En términos teológicos, muchos quieren ser justificados, pocos quieren ser santificados. Muchos quieren el perdón, pocos la santidad. Muchos quieren asistir al banquete celestial, pocos quieren prepararse. Porque en la vida real, no es solo uno el que no se viste adecuadamente, sino muchos. Los que realmente entienden la invitación y su propósito querrán hacer todo lo posible para agraciar la ocasión. No esperan simplemente la comida, sino la comunión con el rey y su hijo.

En otras palabras, algunos que responden a la invitación del evangelio lo hacen simplemente para escapar del tormento del infierno y disfrutar de las delicias del cielo. No hacen nada para prepararse y esperan ser admitidos en la gloria tal como son. Les espera una sorpresa.

Otros, tal vez una minoría ("pocos"), saben que están invitados a asistir a una ocasión real y esperan tener una relación íntima con la familia real en su palacio. Con el tiempo que tienen, hacen todo lo posible para prepararse para tal privilegio. A estos "se les abrirán de par en par las puertas del reino eterno de nuestro Señor y Salvador Jesucristo" (2P 1:11; note el contexto en los vv. 5 -10).

Nuestro Señor ascendido ha dado a su iglesia evangelistas para persuadir a los pecadores perdidos para que acudan cuando son llamados, y pastores para ayudarlos a prepararse para el banquete. Que ambos persigan su santa vocación con celo incansable, sabiendo que no se limitan a proporcionar invitados para la boda, sino que en realidad están preparando a la novia misma (Jn 3:29; Ef 5:25s).

Y que los que están bajo sus ministerios respeten de tal manera su motivo y reciban su mensaje que se encuentren sentados a la mesa del Rey. Para los que no lo hacen, sería mejor al final que no hubieran nacido.

"Oh Dios, Padre nuestro, te ruego que, por tu gran

misericordia, todos los lectores de este libro y su indigno autor reciban al fin una rica acogida en tu hogar celestial, justificados por tu gracia, santificados por tu Espíritu y glorificados en tu presencia, por la sangre y en el nombre de tu único Hijo Jesucristo, nuestro Salvador y Señor, Amén".

ESTUDIOS DE ESCRITURAS

ESTUDIOS DE ESCRITURAS: INTRODUCCIÓN

Las frecuentes referencias a capítulos y versículos pueden fomentar la impresión de que un libro es completamente bíblico, lo que puede ser o no el caso. ¡Un texto fuera de contexto es un pretexto!

Los diez estudios siguientes examinan una serie de pasajes pertinentes con mucho más detalle de lo que era posible o aconsejable en el cuerpo principal de este libro. Cuando es necesario, se presta considerable atención al contexto más amplio, a veces el carácter y el propósito de todo el libro en el que aparece el pasaje.

Se trata de una selección mixta, en la que algunos tienen una pertinencia más directa que otros. Se han elegido deliberadamente algunos que normalmente se ignoran porque su significado es oscuro o inaceptable. Los que creen que toda la escritura es inspirada y provechosa deben demostrarlo abordando aquellas partes que otros evitan.

La exégesis ampliada ha permitido introducir algunos temas periféricos. El "milenio" es un buen ejemplo. Los lectores probablemente querrán saber qué posición escatológica sostiene el autor, aunque hay que señalar que esto no afecta a las conclusiones alcanzadas sobre el tema del infierno.

El equilibrio de los escritores bíblicos (cuatro pasajes son de Mateo, dos de Lucas, dos de Pedro y uno de Pablo, Juan y Judas) refleja la proporción de material en sus escritos. El hecho de que la mayor parte aparezca en el primer Evangelio rara vez ha recibido todo su significado, a saber, que la mayor parte de las enseñanzas y advertencias sobre el infierno fueron dadas a discípulos y no a pecadores.

Este descubrimiento, que es fundamental para la tesis de este libro, conduce directamente a una importante controversia teológica. Resulta irónico que los calvinistas, que probablemente han sido los más fieles en creer y predicar la doctrina del infierno, probablemente desestimen este estudio como una herejía arminiana, o incluso peor (ya que hay una cita de Pelagio, ¡que no será excusada por otra de Agustín!)

Los llamados "cinco puntos" del calvinismo —depravación total, elección incondicional, expiación limitada, gracia irresistible, perseverancia o, más exactamente, preservación de los santos (fácil de memorizar en inglés con la palabra mnemotécnica TULIP)— forman un "sistema" integrado. Si se cuestiona uno de ellos, todo el conjunto corre peligro. Sugerir que el creyente podría arriesgarse a perder su lugar en el cielo y encontrarse en el infierno es cuestionar el quinto principio, pero por la misma razón se da a entender que la gracia puede ser resistida, la expiación era ilimitada en su alcance, la elección está condicionada a la fe y el totalmente depravado puede responder a la gracia preveniente.

Si bien este libro no pretende discutir o sopesar los méritos respectivos de las teologías "calvinista" y "arminiana", me he sentido obligado a indicar aquellos pasajes cuyo significado simple y llano está en desacuerdo con la primera perspectiva. Este es el caso, en particular, cuando se considera el contexto de las advertencias de Jesús. Tal vez mis esfuerzos estimulen a alguien de esa persuasión al esfuerzo pionero de ofrecer una explicación "calvinista" de por qué la mayoría de estas advertencias fueron dadas a los primeros discípulos y registradas en un Evangelio destinado a la instrucción de las siguientes generaciones de seguidores de Jesús.

Es imposible evitar las cuestiones teológicas cuando se trata de exponer la Biblia, pero la controversia puede ser saludable si nos lleva a reexaminar tanto lo que la Palabra de Dios dice realmente como los presupuestos de nuestra interpretación tradicional de la misma. Personalmente, no creo que ningún "sistema" teológico —calvinista o arminiano, agustiniano o pelagiano, reformado o radical—sea lo suficientemente amplio o flexible como para contener todo el consejo de Dios o hacer frente a las numerosas paradojas de las escrituras.

Espero que estos estudios provoquen al lector a tener una Biblia abierta junto a este libro, comprobando al segundo según la primera. Es muy necio leer libros sobre la Biblia sin referencia directa a ella. Es muy sabio escudriñar las escrituras para ver si lo que se enseña está realmente ahí (como hizo la audiencia de Pablo en Berea "con toda avidez", Hch 17:11). Yo iría más allá y diría que, si mis lectores no pueden encontrar en estos pasajes lo que yo he encontrado, los instaría a olvidar lo que digo antes de que los lleve a distraerse o aun sufrir daño.

Los predicadores y los maestros han estado muy presentes en mi mente. Quiero animarlos a exponer pasajes enteros en lugar de hablar de textos (un versículo, ocasionalmente fuera de contexto) o de temas (muchos versículos, frecuentemente fuera de contexto). El reto de llegar a comprender el flujo de pensamiento de un libro bíblico es inmensamente satisfactorio e infinitamente gratificante. Pocas cosas despiertan la expectación de la congregación como esta visión más amplia, siempre que la exposición sea *real* (reviviendo la experiencia pasada de Dios) y *pertinente* (reubicándola en la experiencia presente del hombre).

La Biblia se convierte entonces en un libro que se interpreta a sí mismo y se autentifica a sí mismo. El mismo Espíritu de la verdad que inspiró a los escritores está ahora disponible para instruir a los lectores (1Jn 2:27). Todo lo que se requiere de nosotros es una mente objetiva, un corazón abierto y una voluntad obediente.

ESTUDIO DE ESCRITURAS A: EL TEMOR MORTAL

Lea Mateo 10:28 y Lucas 12:4-5.

El mensaje es claro: hay un "destino peor que la muerte". Por lo tanto, hay un temor que es mayor que el temor a la muerte. Este temor más profundo es la cura para la cobardía frente al enemigo.

Pero aún quedan preguntas por responder. *¿Qué* es exactamente este terrible peligro? *¿Quién* es "el que" puede amenazar con él? *¿Por qué* es necesaria la advertencia? *¿Cuándo* fue dada?

El contexto, como siempre, nos da la pista. Jesús dijo lo mismo dos veces: una vez, cuando envió a los "doce" a una misión, y otra vez, más tarde, después de que los "setenta" regresaran de una misión posterior. En ambas ocasiones fue totalmente honesto con ellos sobre la creciente hostilidad y el peligro inminente al que se enfrentarían.

El odio de sus oyentes los llevaría a ser rechazados por el pueblo, la flagelación por parte de las autoridades religiosas, la persecución por parte de las autoridades civiles, incluso la traición de sus propias familias. Sufrirían diversos abusos e intentos de asesinato.

Puede que todo esto no ocurra al principio, pero es evidente que Jesús tiene una visión a largo y no a corto plazo. Aunque les ordena que no vayan a los gentiles ahora (Mt 10:5), anticipa que lo harán más adelante (Mt 10:18). Su consejo es, por tanto, pertinente para todas las misiones posteriores en su nombre a lo largo de esta era.

El temor a los hombres es una gran desventaja para los apóstoles. Deben estar a prueba de intimidaciones. Tres veces les dice que no deben tener miedo (Mt 10:26, 28, 31). Pero ¿cómo pueden superar ese temor?

Deben recordar que toda hostilidad oculta será expuesta y castigada un día (Mt 10:26), que su Padre celestial se preocupa por ellos y los vigila (Mt 10:29-30) y que repudiar a Jesús ante los hombres significa ser repudiado por él ante Dios (Mt 10:32-33).

¡Pero el mejor antídoto para cualquier temor es un temor mayor! Superamos la acuafobia cuando nuestro hijo se está ahogando, la claustrofobia, cuando está atrapado. Un profeta comprendió este conocido mecanismo psicológico: "Será como cuando alguien huye de un león y se le viene encima un oso, o como cuando al llegar a su casa, apoya la mano en la pared y lo muerde una serpiente" (Am 5:19). Es sorprendente la eficacia con la que un temor puede conquistar a otro. ¡El terror cura la timidez!

Se dice que la autopreservación es nuestro instinto más fuerte, que la vida es nuestra posesión más preciada y que la muerte es la última amenaza. Nuestra mortalidad nos hace vulnerables a cualquier persona o cosa con el poder de matarnos. Jesús vino a liberarnos de este impedimento (Heb 2:15).

Lo hizo mediante la enseñanza y el ejemplo. De ellos se obtiene una nueva perspectiva, tanto de la cantidad como de la calidad de la vida. La muerte no es el fin de la existencia personal ni lo peor que puede ocurrir. Solo aquellos cuya perspectiva está limitada por esta vida pueden pensar lo contrario.

El asesinato "solo" puede matar el cuerpo; no puede tocar el "alma" (la "psique", la persona real). El ser continúa como un ser consciente. Aquí Jesús está afirmando la supervivencia de un "espíritu" incorpóreo. El ser humano no tiene el poder de extinguir a sus semejantes, solo de acabar con la parte física.

Por eso hay algo peor que la muerte, que solo mata una *parte* de la persona y ni siquiera la parte más vital. Una persona *entera*, en cuerpo y alma, puede ser "destruida" por alguien que tiene el poder de hacerlo.

¿Quién es "el que" tiene ese poder? Algunos comentaristas suponen que se trata de una referencia al diablo mismo. Uno de sus nombres es "Destructor" y el infierno se considera su "dominio", donde es libre de ejercer su pasión vandálica contra los entregados a sus manos. Pero hay buenas razones para cuestionar esta interpretación:

1. Este sería el único texto del Nuevo Testamento que exhorta a las personas a temer al diablo, en lugar del Señor;
2. El reino o gobierno del diablo está en este mundo, no en el próximo;
3. No se menciona a Satanás en ninguna otra parte de esta comisión; el contexto inmediato es sobre el Padre;
4. Nunca se atribuye al diablo el poder de "echar al infierno" (como en la versión de Lucas); de hecho, él mismo es "arrojado al infierno" (Ap 20:10; vea Estudios de escrituras J).

La amenaza tiene un origen divino y no demoníaco. Seguramente es Dios mismo, el Dios que puede destruir al hombre que ha creado (Gn 6:7) y que es él mismo un "fuego consumidor" (Heb 12:29). Entonces, ¿por qué Jesús se refiere a él como "el que" y no como "el Padre"? Sería comprensible la reticencia a relacionar este término cariñoso con lo que algunos teólogos han llamado "la extraña obra" de Dios.

Sin embargo, puede haber una razón más sutil para este término algo impersonal. En otros pasajes, el propio Jesús afirma ser el que juzgará a las naciones y enviará a los "malditos" al infierno (Mt 25:41; cf. 1Co 5:10). En otros pasajes, él y su Padre, que son "uno", actúan juntos en el juicio (p. ej., Hch 17:31; Ap 6:16s). Así que el ambiguo anonimato puede ser bastante deliberado.

¿Qué significa "destruir alma y cuerpo"? Esto puede parecer, a primera vista, una pregunta superflua. En inglés/español es prácticamente sinónimo de "matar" y significa ser exterminado o aniquilado. Por ello, muchos lectores suponen que el contraste es entre la muerte, que lleva a una parte de la persona al final de su existencia, y el infierno, que lleva a toda la persona al final de su existencia.

Sin embargo, la palabra griega abarca un espectro mucho más amplio, que va desde el "fin de la existencia" hasta la "ruina irrecuperable", o incluso simplemente el "desecho". No es en absoluto una conclusión inevitable que el infierno sea un lugar en el que dejan de existir personas enteras. El cambio de "matar" (el cuerpo) a "destruir" (el cuerpo y el alma) puede ser algo más que una variación literaria y podría indicar una amenaza tanto cualitativa como cuantitativa. El cambio en la versión de Lucas es aún más claro: de "matar" a "echar (dentro)", lo que deja abierta la cuestión de la continuidad de la existencia.

Si el infierno implica la incineración o el encarcelamiento no puede resolverse de ninguna manera a partir del versículo que ahora se discute (se ha examinado más a fondo en el capítulo 3). Baste decir aquí que la existencia continua en una condición de ruina sería ciertamente mucho más aterradora que la muerte del cuerpo; por el contrario, es cuestionable que el exterminio lo sería.

Antes de seguir adelante, vale la pena señalar que Jesús habla de la destrucción de un "cuerpo" en el infierno *después* de la muerte de un cuerpo. No se refiere a la putrefacción de un cadáver, que tiene lugar en la tumba y no en el infierno y no afecta en absoluto al alma. Está claro que anticipa un cuerpo resucitado que puede ser "echado" al infierno. ¡Esto plantea de nuevo la pregunta especulativa de por qué Dios se molestaría en dar a los malvados un nuevo cuerpo para aniquilarlos inmediatamente después! Su acto de "re-creación" sería más comprensible si el cuerpo resucitado fuera para una existencia continua en lugar de una aniquilación completa.

Otro punto es que Jesús no describe ni define el infierno en esta ocasión. Esto solo puede significar que sus oyentes ya estaban bastante familiarizados con el concepto y no necesitaban más explicaciones; él podía darlo por sentado.

¿Quiénes corren el riesgo de sufrir este horror final? Aunque este versículo ha sido muy citado en la predicación cristiana, pocos, si es que alguno, han notado, o incluso se han fijado, en los *destinatarios* de la advertencia. Hacerlo sorprendería a algunos y escandalizaría a otros.

Jesús no se dirige a pecadores notorios, ni siquiera al público en general, sino a sus propios discípulos (en Lucas se dirige a ellos como "mis amigos"). Tampoco les está dando este serio mensaje para que lo transmitan a otros, ¡sino para que lo apliquen a ellos mismos! A pesar del versículo inmediatamente anterior (Mt 10:27 les ordena que hagan público lo que oyen de él en privado), las palabras claramente indican que está dirigido a las necesidades de los propios apóstoles y no a las de aquellos a los que son enviados.

Su propósito es darles estabilidad emocional en ellos mismos más que impacto emocional en los demás. Su temor a Dios neutralizará efectivamente su temor al hombre. Note que el temor es personal en ambos casos. No es el temor a la muerte frente al temor al infierno, sino el temor a "aquellos" que pueden matar el cuerpo frente a "uno" que puede destruir el cuerpo y el alma. La elección es entre el temor a los asesinos potenciales y el temor al destructor potencial. Lo primero es cobardía y puede calificar para el "lago de fuego" (Ap 21:8).

Ahora debemos afrontar la grave implicación de todo esto: que Jesús advirtió a sus discípulos del peligro de que ellos mismos fueran arrojados al infierno. No se trata de un caso aislado. Como hemos visto (en el capítulo 4), la mayoría de las advertencias del Señor fueron dadas a estos mismos seguidores.

El desafío no puede ser ignorado, pero incluso aquellos que lo afrontan tienden a tratar de encontrar una explicación favorable (tal vez porque no "encaja" en su teología) de una de dos maneras.

Por un lado, dicen que las advertencias son *"existenciales"* (con el significado virtual de algo irreal a largo plazo). En otras palabras, Jesús quería asustar un poco a los discípulos para que se mantuvieran en el camino correcto, aunque, por supuesto, no había ningún peligro real de que fueran arrojados al infierno (una especie de situación de "zanahoria y burro" al revés). Pero ¿recurriría a tal engaño, por leve que fuera, alguien que pretendiera decir y ser la verdad? ¿Se superaría el temor a un peligro real por el temor a algo puramente hipotético? La sugerencia es incongruente, si no absurda.

Por otra parte, se dice que las advertencias son *"transicionales"*, ya que fueron dadas antes de la muerte, resurrección, ascensión e impartición del Espíritu de Jesús y, por tanto, antes de que los discípulos fueran plenamente "cristianos". Pero ellos ya habían recibido a Jesús, habían creído en su nombre y habían "nacido de Dios" (si Jn 1:12-13 se aplica a alguien, seguramente se aplica a ellos). Y ya hemos señalado que Mateo 10 está destinado a la misión posterior y más amplia de la iglesia al mundo gentil. Además, la mayoría de las advertencias de Jesús sobre el infierno se refieren a su segunda venida y no a la primera.

La advertencia debe tomarse al pie de la letra. El infierno es un peligro real, incluso para los discípulos y amigos de Jesús. La conciencia de este riesgo es un ingrediente esencial de ese temor del Señor que es el principio de la sabiduría. También es una ayuda inestimable a la hora de afrontar la hostilidad humana y el peligro personal.

Jesús fue un ejemplo y un exponente de esta verdad. No mostró ni un rastro de temor cuando enfrentó a sus verdugos. Sin embargo, experimentó una aprensión extrema (haciendo que la sangre rezumara por los poros de su frente) cuando contempló esa separación de Dios, ese "descenso a los infiernos" (vea el capítulo 5) que para él precedió, en lugar de seguir, a la muerte de su cuerpo, y que fue por los pecados de otros y no por los suyos.

ESTUDIO DE ESCRITURAS B: EL BANQUETE DE BODAS

Lea Mateo 22:1-14 y Lucas 14:15-24.

Como todas las parábolas registradas de Jesús, ésta debe interpretarse en dos contextos: el original hablado (los oyentes de Jesús) y el posterior escrito (los lectores de Mateo). El primero revela su significado para ayer y el segundo, su mensaje para hoy.

Comenzamos preguntando cuándo, dónde y por qué Jesús contó la "historia" original. El cuándo y el dónde se complican por el hecho de que tMateo y Lucas lo registran en tiempos y lugares diferentes (aunque no muy alejados el uno del otro). Algunos estudiosos piensan que los dos escritores de los evangelios han utilizado una "licencia poética" para adaptar una ocasión a dos propósitos. Es más probable que el propio Jesús adaptara la historia para dos ocasiones.

La primera (en Lucas) fue al subir a Jerusalén por última vez y en una comida sabática en la casa de un prominente fariseo. Jesús criticó a sus anfitriones por tres cosas: su silenciosa hostilidad hacia su curación de un caso de hidropesía en el día de reposo, su indecorosa lucha por los puestos en la mesa principal y sus motivos ocultos en la selección de los invitados (los que podían devolver y devolverían su hospitalidad). Si hubieran invitado a los que no podían corresponder (los pobres y desamparados), serían realmente bendecidos; les pagaría Dios y no el hombre y en el otro mundo y no en éste. Esa hospitalidad sería una inversión mucho mejor a largo plazo.

En el embarazoso silencio que se produjo, uno de los invitados trató de redimir la situación con una piadosa obviedad que parecía estar de acuerdo con la observación de Jesús, al tiempo que cubría la vergüenza de su anfitrión. "¡Dichoso el que coma en el banquete del reino de Dios!" (¡implicando claramente que él mismo esperaba estar allí!). De hecho, se reconocía ampliamente, aunque a regañadientes, que si alguien merecía estar allí eran los fariseos, que habían trabajado más duro para ello.

Fue en respuesta a esta autosuficiencia que Jesús contó la parábola de la gran fiesta y los invitados que, cuando llegó el momento, encontraron excusas para no asistir y fueron reemplazados por los que no lo merecían y los que no lo esperaban.

El relato está en total consonancia con la costumbre antigua: se avisaba a los invitados con antelación de que se iba a celebrar un banquete, pero no la fecha ni la hora concretas.

Cuando estos detalles se enviaban más tarde, se suponía que los invitados darían prioridad a la ocasión sobre todos los demás compromisos. Aceptar la primera invitación y rechazar la segunda sería un profundo insulto al anfitrión, relegándolo a un segundo plano.

En este caso, el anfitrión está comprensiblemente enfadado y decidido a no desperdiciar la comida preparada. Sus sirvientes buscan primero en la ciudad a posibles sustitutos, que no habían pensado en una comida así ni lo habían esperado. Cuando no se llenan las plazas disponibles, son enviados a los campos de los alrededores para encontrar más ("*oblígalos* a entrar" significa persuasión y no coacción; Agustín se equivocó al utilizar la palabra "obligar" para justificar el uso de la fuerza en el trato con los infieles y los herejes). Todos los asientos deben estar ocupados, para evitar que alguno de los invitados originales se arrepienta de su decisión y espere ser reconsiderado; no habrá una segunda oportunidad.

Hay dos mensajes para los que escucharon la historia por primera vez, uno bastante obvio y el otro más sutil.

Claramente, es una fuerte advertencia para no dar por sentado que uno tiene un lugar asegurado en el reino *futuro*, como probablemente hacía el compañero de cena de Jesús. No son los que creen en él, han recibido una invitación y lo esperan con ansias, los que finalmente asisten, sino los que le dan la máxima prioridad y acuden cuando son llamados. De lo contrario, serán reemplazados por los sustitutos más inverosímiles.

Pero también subyace la afirmación de que el reino es

presente además de futuro. La primera invitación llegó a través de los profetas hebreos; la segunda ha llegado a través de la persona y la obra del propio Jesús. Todo está listo. El momento de establecer las prioridades es ahora. Pero los fariseos no "vienen" al reino, aunque las prostitutas y los extorsionadores lo estén aprovechando con avidez. De paso, note que ninguna de las excusas es una actividad inmoral o ilegal; son actividades legítimas que deberían ser secundarias, pero se han convertido en primarias.

La segunda ocasión (en Mateo) es en los patios del templo de Jerusalén mismo, durante la última semana de la vida de Jesús. El enfrentamiento con los dirigentes judíos es ahora público; la crisis está llegando a su punto culminante. No es de extrañar que cuando Jesús cuenta la historia por segunda vez, lo haga en términos mucho más duros, aclarando las cuestiones subyacentes. El "cierto hombre" es ahora el rey; el banquete es una recepción de bodas para su hijo; a los invitados se les da no una sino dos notificaciones de la hora (¿se refiere esto a la repetición de la historia?); en lugar de una simple evasión, los invitados previstos rechazan e ignoran el aviso, abusan y asesinan a los mensajeros; el anfitrión, enfadado, los mata y quema su ciudad (¿registró Mateo esto después de que Jerusalén fuera arrasada en el año 70 d.C.?); los lugares vacantes se llenan en un único esfuerzo en lugar de uno doble. Lo que está en juego ha aumentado y el reto es mucho mayor.

Pero también hay un nuevo giro a la historia: un hombre llega a la fiesta sin cambiarse la ropa de diario, y es expulsado.

No era una costumbre antigua enviar ropa adecuada con la invitación (¡eso es un mito moderno ideado por los expositores de la justicia "imputada"!); pero se esperaba que los invitados se pusieran sus mejores ropas. El hecho de que este invitado haya podido hacerlo está claramente indicado por su reacción "callada" a la pregunta comprensiva del rey ("Amigo...", dando al hombre la oportunidad de explicarse). No molestarse en prepararse era un insulto tan grande para el rey y su hijo como negarse a venir.

Los fariseos que escucharon esta versión ampliada pueden haber recibido este detalle adicional con cierta autosuficiencia. Entenderían esta referencia a las "vestiduras de justicia", pero ya se estaban esforzando por alcanzar tal adorno. No se darían cuenta (a no ser que hubieran oído hablar de su Sermón del Monte) de que Jesús consideraba que su justicia propia era totalmente inadecuada para "entrar" en el reino (Mt 5:20). La parábola contenía ahora una doble advertencia contra la presunción: el reino es para aquellos que vienen cuando son llamados y que vienen debidamente preparados.

Hasta aquí el contexto original (hablado). Ahora debemos considerar el contexto posterior (escrito). De los cuatro evangelios, dos fueron compilados para la evangelización de incrédulos (Marcos y Lucas) y dos para animar a creyentes (Mateo y Juan; vea Jn 20:31 para el propósito de este último, que los lectores sigan creyendo y sigan teniendo vida eterna).

Lucas escribió para gentiles (él era uno y se dirigía a uno: Teófilo); Mateo escribió para judíos. El primero utilizó el término "reino de Dios" sin dudarlo; el segundo respetó la reticencia judía a referirse a la deidad directamente y suele utilizar "reino de los cielos". Lucas aplica la "oveja perdida" a los pecadores (Lc 15:4-7); Mateo la aplica a los apartados (Mt 18:6, 12-14).

Los lectores de Lucas encontrarían que la parábola está llena de *consuelo*. Entenderían que los invitados que no se presentaron eran los judíos que rechazaron a Jesús, y que los sustitutos inesperados eran ellos mismos, los gentiles. El énfasis estaría en la invitación extendida a todos y cada uno. "Vengan, porque ya todo está listo... para que se llene mi casa".

Los lectores de Mateo encontrarían que la parábola está llena de *desafío*. Entenderían que los que venían a la fiesta eran ellos mismos, los discípulos que habían "venido" a Jesús. Aunque su primera invitación no estaba relacionada en modo alguno con su condición moral en aquel momento (note "buenos y malos" en Mt 22:10), la fiesta en sí tenía ciertamente implicaciones y requisitos morales. Los invitados necesitaban "ropas de justicia".

Mateo es el evangelio de la "justicia". Es el único evangelio que señala que Jesús fue bautizado "para cumplir toda justicia" (Mt 3:15, un sobrio recordatorio para quienes no ven la necesidad del bautismo). Los discípulos deben hacer de "el reino de Dios y su justicia" su objetivo general en la vida (Mt 6:33); solo entonces se puede confiar en que él proveerá todas las demás necesidades. Su justicia debe ir mucho más allá de la de los fariseos (Mt 5:20).

Este énfasis en la justicia (explicado con bastante detalle en el Sermón del Monte) demuestra que Mateo era un "Manual de discipulado" para la iglesia primitiva que enseñaba a los nuevos conversos a obedecer todo lo que Jesús mandaba (Mt 28:20). Mateo entendió perfectamente que no nos salvamos *por* justicia, sino que nos salvamos *para* justicia (cf. Ef 2:8-10). En la parábola, la justicia no necesita preceder a la invitación (que es para "buenos y malos"), sino que tiene que preceder al propio banquete.

Los teólogos discuten sobre la justicia "imputada" e "impartida", y un lado afirma que la primera es todo lo que se requiere. Ansiosos por atribuir hasta el último trozo de la salvación a la gracia de Dios en Cristo, consideran que la *justificación* (en la que somos declarados inocentes al ser cubiertos nuestros pecados por "su sangre y su justicia") es la única y suficiente cualificación para entrar en el banquete del reino. Pero, por muy loable que sea el celo por la gracia, esta visión no hace plena justicia al énfasis del Nuevo Testamento en la necesidad de la santificación si queremos ver al rey (Heb 12:14).

La propia parábola implica esta necesidad de "esfuerzo" por parte de los invitados. Aunque la invitación es totalmente gratuita, los que la aceptan son responsables de cambiarse de ropa. Todo el evangelio de Mateo es un llamado a los discípulos para que alcancen una justicia práctica de conducta y carácter. Deben tener hambre y sed de ella (Mt 5:6), para que lo que se les ha "imputado" también les sea "impartido", lo que se les ha acreditado en el cielo lo puedan hacer efectivo en la tierra.

Esta interpretación de la ropa de boda está en consonancia con el resto del Nuevo Testamento. Lucas, al registrar las palabras dirigidas a los discípulos y no a los pecadores, subraya la necesidad de estar "con la ropa bien ajustada" (Lc 12:35). Pablo dice a sus conversos que lleven a cabo su salvación con temor y temblor, pues es Dios quien obra en ellos tanto decidir como hacer lo correcto (Fil 2:13); utiliza constantemente la metáfora del cambio de ropa (cf. "desvestirse" y "vestirse" en Col 3:9-14). El libro de Apocalipsis hace lo mismo (Ap 3:4s, 17s); la novia se ha "preparado" vistiendo el "lino fino, limpio y resplandeciente", que le "se la concedido vestirse", donde el lino fino es un símbolo de "las acciones justas de los santos" (Ap 19:7s). La santificación, al igual que la justificación, es "concedida" por gracia; pero también, al igual que la justificación, necesita ser recibida, puesta y usada.

Ahora llegamos al meollo de nuestro estudio, y la razón para incluirlo en un libro sobre el infierno. ¿Qué sucede con la persona que acepta la invitación y acude cuando es llamada, pero no se molesta en cambiarse de ropa? En términos teológicos, estamos considerando a los que quieren la justificación, pero no la santificación. En términos más sencillos, los que quieren escapar del infierno, pero no hacen ningún esfuerzo para prepararse para el cielo.

La respuesta es sencilla: acaban en el infierno. Aunque la palabra misma no se utiliza aquí, el lenguaje apropiado sí: "echados fuera... oscuridad... llanto y rechinar de dientes"

(Mt 22:13). Es significativo que estas fuertes palabras no se apliquen a los que se negaron a venir (aunque fueron "asesinados" y su ciudad fue "incendiada"), sino a uno que vino, pero no estaba "vestido con el traje de boda". El carácter permanente de su destino se insinúa en la orden de "atarlo de pies y manos" (Mt 22:13) antes de ser "echado" afuera. No podrá volver a entrar a hurtadillas ni robar comida.

Las palabras no están, por supuesto, en la versión de Lucas, ya que pertenecen a la parte ampliada de la historia en la segunda narración. Incluso si Lucas lo hubiera sabido, probablemente no lo habría utilizado. Al escribir para los pecadores, debió notar que Jesús rara vez utilizaba ese lenguaje "infernal" con pecadores (aunque a veces con los que se consideraban justos, pero generalmente con sus propios discípulos) y Lucas siguió su ejemplo. Por lo tanto, es a Mateo, que recoge los dichos de Jesús para sus discípulos, a quien debemos casi toda la enseñanza de nuestro Señor sobre este tema sobrecogedor.

Hasta ahora hemos ignorado la afirmación con la que concluye el episodio: "Porque muchos son los invitados, pero pocos los escogidos" (Mt 22:14). Es discutible si se trata de la propia conclusión de Jesús o de una frase aislada de Jesús que Mateo ha añadido (o incluso de su propio comentario). Sea como fuere, ahora forma parte de la Palabra de Dios inspirada y es un elemento integral de este pasaje (note: "Porque..."). Hay dos líneas principales de interpretación.

Un enfoque establece el contraste principal entre "invitados" y "escogidos". Suele considerar la afirmación como una entidad aislada, antes de relacionarla con la parábola. Interpretado de forma "calvinista", la elección tiene lugar antes de la invitación en el tiempo (en línea con textos como Ro 8:30: "A los que predestinó, también los llamó"). Puede que Dios nos haya ordenado predicar el evangelio a toda la humanidad (Mt 28:19; Mr 16:15; Lc 24:47), pero solo los "escogidos" responderán a la invitación y acudirán a la fiesta. Ya que la gracia es irresistible, tanto para la justificación como para la santificación, los elegidos no solo vendrán, sino que vendrán adecuadamente vestidos. Cualquiera que no lo haga demuestra con ello que nunca fue "escogido" después de todo (se suele decir que solo eran creyentes "nominales" o "profesantes" que nunca nacieron "verdaderamente" de nuevo).

Hay algunas inconsistencias en este punto de vista. Si "escogido" aquí significa "elegido, predestinado", entonces ¿qué significa "llamado"? Los calvinistas creen en el llamado "eficaz", que *siempre* logra traer a los llamados, ¡haciendo que los "llamados" y los "escogidos" sean exactamente el mismo número! Pero en la parábola el rey "llamó" a los que se negaron a venir (¿y no escogió la lista original de invitados?). Los llamados son claramente un número mayor que los elegidos; y el rey es el sujeto de ambos verbos. ¿Acaso Dios llama a muchos, pero solo escoge a algunos, burlándose así de la raza humana? Una deidad tan arbitraria es una imagen ofensiva imposible de reconciliar con el Dios que "de tal manera amó al mundo" (Jn 3:16) y "quiere que todos sean salvos" (1Ti 2:4). La alternativa es dar a "llamado" un sujeto humano:

los siervos humanos pueden llamar a muchos (mediante la predicación pública), pero su amo divino solo elegirá a unos pocos de los oyentes. Pero si "llamado" es liberado de esta forma de sus connotaciones teológicas, ¿por qué retenerlas en "escogido"? Esto parece una división artificial entre los dos verbos, aparte de darles dos sujetos diferentes.

El otro enfoque establece el contraste principal entre "muchos" y "pocos". Esta vez la afirmación se aborda a través de la parábola, en lugar de hacerlo de forma independiente. Interpretado de manera arminiana, el llamado tiene lugar antes de la elección (en este contexto, pero no necesariamente en otros lugares del Nuevo Testamento). Esto implica liberar a ambos verbos de su contenido teológico en otras partes de la escritura. Como resumen de la parábola, la afirmación simplemente dice que el número de los que son (finalmente) escogidos es considerablemente menor que el número de los que fueron (originalmente) llamados.

Los muchos que fueron "llamados" (la Nueva Versión Internacional utiliza de manera útil la palabra "invitados") incluían tanto a los que no vinieron como a los que sí lo hicieron. Ambas decisiones eran responsabilidad plena y libre de los invitados y no el decreto predeterminado del rey. Del mismo modo, el hecho de no prepararse adecuadamente era responsabilidad plena y libre de la persona en cuestión y no el decreto predeterminado del rey. Sin embargo, esto no reduce en absoluto la soberanía del rey. Él tuvo la primera opción en la elección de cuántos invitados debía haber y a quiénes debía invitar. Cuando lo rechazaron, eligió a sus sustitutos. Y tuvo la opción final de rechazar al que no estaba bien vestido y retener a los que sí lo estaban. Pero seguramente, dirá alguien, su voluntad se vio frustrada por los que se negaron a venir, limitando así su elección soberana. Por el contrario, fue el rey quien eligió no obligarlos a venir; podría haber enviado soldados para arrestarlos después de haber enviado a criados a invitarlos. Pero no lo hizo, prefiriendo tener invitados voluntarios para honrar a su hijo. Prefirió castigar a los que maltrataron a sus mensajeros, mostrando así su soberanía sin deshonrar a su hijo (¡llenando la celebración con rostros hoscos!). El rey está en pleno control de principio a fin.

Queda una dificultad con este segundo punto de vista: la palabra "pocos" no se ajusta del todo a la parábola. Había casi tantos invitados finales como los que fueron invitados originalmente, y solo una silla estaba vacía. ¿Merece el número original menos uno el título de "pocos"?

La discrepancia puede resolverse si esta afirmación es un añadido de Mateo a la parábola, ya sea como un dicho de Jesús procedente de otro contexto o como un comentario inspirado propio (una práctica mucho más habitual en el evangelio de Juan). Con ello, está relacionando la esencia de la parábola con la situación de la iglesia primitiva tal y como él la conocía. Mientras que en la historia solo un invitado que llegaba no se vistió adecuadamente, Mateo era muy consciente de que un número creciente de discípulos de su época caían en la misma pereza y, por tanto, se enfrentaban al mismo peligro de ser rechazados al final. De hecho, uno de los principales motivos para escribir su Evangelio era invertir la tendencia de que "muchos" oyeran y aceptaran la buena nueva, pero "pocos" se animaran a vestirse con la justicia del reino.

Su comentario adicional coincide con la conclusión del Sermón del Monte (dirigido a "discípulos"; Mt 5:1), que les recuerda los dos "caminos" que tienen ante sí: el camino ancho que lleva a la perdición, por el que transitan muchos, y el camino estrecho que lleva a la vida, por el que transitan pocos (Mt 7:13s). El mismo hilo conductor atraviesa el último de los cinco "discursos" (o colecciones de dichos de Jesús) en Mateo; dirigido a los Doce, advierte acerca de las consecuencias eternas de la pereza en los siervos del Señor, describiéndolas con la misma terminología del infierno que en esta parábola (Mt 24:45 - 25:46).

¿Quién se atreve a decir que este mensaje es irrelevante para la escena eclesiástica contemporánea? La evangelización barata ofrece una salida garantizada del infierno sobre la escasa base de una "oración del pecador" repetida (en un minuto). (Para una valoración ponderada de este dudoso procedimiento, vea el capítulo 31 de mi libro *El nacimiento cristiano normal*). Los actos de arrepentimiento juegan un papel escaso o nulo (cf. Lc 3:8; Hch 26:20). La santidad se convierte en un extra opcional, que da derecho a ciertas bendiciones adicionales aquí y en el futuro. Este no es el evangelio que predicó Mateo, ni ninguno de los apóstoles.

Al fin y al cabo, como siervos del Rey, nuestra tarea es aún más fundamental que la de persuadir a los invitados para que asistan a la recepción. En realidad, estamos ayudando a la novia a prepararse para la boda (Jn 3:29s; Ap 19:7s). Porque en las bodas del Cordero no habrá distinción entre unos y otros. Fue por esa novia, santa e irreprochable, formada por invitados que se prepararon, que Jesús se entregó en la cruz (Ef 5:25s).

ESTUDIO DE ESCRITURAS C: EL REBAÑO DIVIDIDO

Lea Mateo 25:31-46.

Las parábolas de Jesús, aparentemente tan sencillas cuando se leen por primera vez, se vuelven cada vez más complejas cuanto más se estudian. Los que quieren chapotear en interpretaciones poco profundas pronto encuentran que no hacen pie y deben aprender a nadar o emprender una precipitada retirada. La parábola de "las ovejas y las cabras" no es una excepción.

Pero ¿se trata de una "parábola" o de una profecía directa sobre el futuro? ¿Y quiénes son los "hermanos" de Jesús: los judíos, los cristianos o todo el género humano? ¿Se trata de un juicio individual o nacional?

El pasaje es un "texto de prueba" favorito para la importancia de la acción social. Su cita frecuente por parte de los predicadores ha contribuido a fomentar la definición del cristiano como alguien que hace el bien. El factor decisivo que determina nuestro destino eterno parece ser nuestra compasión y cuidado de los menos afortunados que nosotros.

¿Pero no es esto salvación por obras? Se hace hincapié en lo que hacemos por los demás más que en lo que el Padre o su Hijo hacen por nosotros. No se menciona la necesidad del perdón de pecados o la santidad de carácter. De hecho, sería difícil ver alguna relevancia en la muerte y resurrección de Jesús, si esta es la imagen esencial del Día del Juicio. ¿Qué ocurre con el evangelio de la gracia?

Evidentemente, aquí están en juego grandes cuestiones. Hay que hacer las preguntas correctas y encontrar las respuestas correctas. La Palabra de Dios debe ser estudiada a fondo si ha de ser manejada correctamente.

¿PARÁBOLA O PROFECÍA?

Tal vez los lectores hayan sido inducidos a error por el hecho de que la sección anterior de este discurso de los "Olivos" comprende una serie de parábolas relacionadas con el regreso de nuestro Señor (las vírgenes y los talentos).

Estas parábolas, aunque contienen verdad (o, mejor dicho, verdades), son claramente ficticias. El personaje central (que vuelve después de estar ausente "mucho tiempo") no tiene nombre. Los verbos están en pasado, como si los hechos ya hubieran ocurrido.

Todo esto cambia con el versículo 31. Los tiempos son ahora futuros, se identifica al personaje central y el tenor es fáctico. Los acontecimientos no han ocurrido todavía, aunque ocurrirán.

Sin embargo, hay un elemento parabólico o, para ser más exactos, la predicción incluye una analogía (*"como* separa el pastor…"). Una observación de la vida rural (típica de la enseñanza de Jesús) se utiliza para destacar un principio espiritual.

Es bien sabido que los pastores beduinos aún pastorean ovejas y cabras juntos, aunque se distinguen claramente por la forma y el color. Obviamente, de vez en cuando hay que separarlas para ordeñarlas, esquilarlas o venderlas. Pero también es un hecho cotidiano, cuando la especie menos resistente es llevada al abrigo del redil para protegerse de las frías noches de Oriente Medio. Sin embargo, es el hecho observado de la separación, más que su propósito, el punto de la analogía aquí.

Si el pastor siempre pone a las ovejas a su derecha es algo que va más allá del conocimiento de este escritor. El versículo 33 puede estar saliendo de la metáfora y volviendo a la profecía (¡o mezclando metáforas, como con el pastor que pone una mesa para las ovejas en Sal 23:5!). Si este versículo se toma demasiado literalmente, ¡solo habrá animales en el cielo o en el infierno! Volvemos a la escena humana, donde la mano derecha es la posición de honor y la izquierda la contraria.

También sería un error señalar que las ovejas y las cabras son dos especies diferentes, haciendo de su naturaleza heredada el motivo de su separación. Esto se hace a menudo en interés de la teología, interpretando el juicio como una simple división entre los regenerados (ovejas nacidas de nuevo) y los no regenerados (cabras nacidas en pecado), con sus distintas naturalezas reveladas en sus diferentes actitudes y acciones. Pero esto lleva la analogía demasiado lejos, convirtiéndola en una alegoría.

El simple símil (". . . como separa el pastor. . .") no hace más que subrayar lo que ocurre al final del día. En realidad, como Jesús deja bien claro, la división se basa en el comportamiento y no en la especie. Hay que recordar que se dirigía a los doce apóstoles, no al público en general. ¿Por qué necesitaban una advertencia tan solemne?

No debemos leer en la analogía más de lo que Jesús pretendía originalmente. No pretendía estar en la línea de los reyes pastores (aunque en realidad era y es el Buen Pastor y el Rey de reyes). Aquí actúa únicamente como Rey en el trono del juicio, aunque está juzgando a los que hasta ahora ha pastoreado.

Tampoco subraya la diferenciación entre las especies. Algunos expositores evangélicos han aprovechado este aspecto para explicar las aparentes implicaciones para la salvación por la fe y la seguridad del creyente. Aunque Jesús explica que son separados por su comportamiento, se sostiene que la base real era su nacimiento, lo que eran "por naturaleza". Desde este punto de vista, las cabras son los no regenerados (el viejo hombre en Adán) y las ovejas son los regenerados (el nuevo hombre en Cristo), dos especies muy distintas, separadas al final por lo que *son* y no por lo que *hacen*, ¡un punto de vista que hace que la mayor parte de la explicación del juez sobre su veredicto sea irrelevante! En realidad, el Hijo del Hombre dividirá a una especie (humana) en función de sus acciones (o de la falta de ellas).

¿Cuándo tendrá lugar este juicio?

¿QUÉ JUICIO?

Algunos lectores se sorprenderán de que haya que hacer esta pregunta. Seguramente se refiere al gran Día del Juicio, ante el "gran trono blanco", cuando toda la raza humana tendrá que rendir cuentas y se decidirá el destino eterno de cada individuo, tras el regreso de Cristo.

¡Ojalá fuera tan sencillo! Sin embargo, una opinión muy extendida, conocida como "dispensacionalismo" (asociada con nombres como Darby, Scofield y Lindsay), ha establecido una distinción entre el juicio de Dios a los pecadores (para castigo) y el juicio de Cristo a los creyentes (para recompensa), como dos acontecimientos totalmente separados. Mateo 25, que no encaja en ninguno de los dos escenarios, es todavía un tercer juicio, de las naciones, como naciones, por su actitud hacia la nación de Israel durante la "Gran Tribulación" al final de la historia (después de que la iglesia haya sido "arrebatada" fuera del mundo).

El espacio nos impide criticar a fondo esta postura (que interpreta el "reino" de forma exclusivamente futura, judía y terrenal). Baste señalar que Dios ha designado a Jesús para juzgar al mundo (IIch 17:31), que visitar a enfermos y presos difícilmente sea una actividad nacional, que "naciones" se refiere a grupos étnicos y no a estados políticos, que "separará a unos de otros" indica responsabilidad individual y que sería excepcional que Jesús llamara a los judíos sus "hermanos" (aunque tanto Pedro como Pablo lo hicieron; Hch 3:17; Ro 9:3). Sobre todo, el resultado de vida o castigo eterno, destinos que son propios de individuos y no de naciones, indica que se trata del Día del Juicio final.

Pero también hay un problema para los que adoptan una visión premilenaria del futuro (note que aunque todos los dispensacionalistas son premilenarios, no todos los premileniarios son dispensacionalistas). Tomando Apocalipsis 20 al pie de la letra, parece que la resurrección de los justos tendrá lugar al regreso del Señor, que será mil años antes de la resurrección general y el juicio final (vea Estudio de escrituras J para más detalles). Entonces, ¿dónde encaja Mateo 25? ¿Antes o después de este "milenio", ya que parece ser el juicio final, pero tiene lugar "cuando el Hijo del Hombre venga"? Las "ovejas" pertenecen a la "primera" resurrección y las "cabras" a la "segunda", pero ambos son juzgados juntos.

Es un verdadero enigma, pero podría resolverse reconociendo la característica bíblica del escorzo profético, la condensación del futuro que reúne acontecimientos futuros muy separados en una imagen para destacar una opción moral en el presente (un ejemplo es la predicción del Antiguo Testamento de la venida del Mesías en "los últimos días", que ahora entendemos como dos venidas muy separadas en el tiempo).

Por supuesto, no hay ningún problema para la visión posmilenaria (que el milenio serán los últimos mil años de la historia de la iglesia) o la amilenaria (que el milenio es toda la historia de la iglesia, ya casi dos mil años). Para ambos, el regreso de Cristo es seguido inmediatamente por el Día del Juicio.

Esta discusión puede, lamentablemente, resultar una verdadera distracción del mensaje fundamental y del reto de este juicio, cuando sea que tenga lugar. Las consideraciones importantes son la *base* del juicio y sus *resultados*.

BASE DEL JUICIO

Las personas son separadas por lo que han *hecho*, no por lo que *son*. Es su actitud, expresada en la acción, lo que es decisivo. La escritura enseña sistemáticamente que todo juicio divino se basa en "obras" o acciones (cf. Ro 2:6, citando Sal 62:12 y Pr 24:12; 2Co 5:10; Ap 20:12).

Pero es esencial notar que el criterio aquí no es solo *lo* que se ha hecho (o no se ha hecho) sino a *quién* se ha hecho. El punto crucial es, por tanto, la identificación de "uno de mis hermanos". ¿A quiénes se refiere Jesús?

La opinión "dispensacional" de que se refiere a la nación judía durante los últimos días de la historia del mundo parece demasiado *estrecha*, tanto en el tiempo como en el espacio. En el texto mismo no hay ninguna sugerencia de una aplicación tan limitada. Esta interpretación parece ser el resultado de un intento de encajar el pasaje en un programa escatológico concreto.

Por otra parte, la opinión "liberal" habitual de que se refiere a cualquier ser humano necesitado parece demasiado *amplia* (y hace mucho para alentar una creencia en la salvación por obras). La fraternidad universal del hombre, y la paternidad universal de Dios son más características del "evangelio social" que de la enseñanza de Jesús. Nunca se incluyó a sí mismo en la frase "Padre nuestro", sino que se refirió a "mi Padre" (como en el versículo 34) y solo enseñó a sus discípulos a llamar a Dios "Padre"; de hecho, es dudoso que alguna vez utilizara la palabra cuando se dirigía al público en general (las perlas no deben darse a los cerdos; Mt 7:6). En otras palabras, Jesús solo consideraba "hermanos" a los que habían entrado en relación con su Padre mediante la fe en él. Por eso utilizó con frecuencia el término "hermanos" para describir a sus discípulos (Mt 10:40, 42; 12:48; 23:8; 28:10), pero nunca lo utilizó para nadie más. Es el título que se da con más frecuencia a sus seguidores en el resto del Nuevo Testamento.

Antes de continuar, cabe señalar dos puntos menores. Al referirse a "uno de mis hermanos" ("uno de estos mis hermanos"), el "rey" parece indicar un grupo presente en esta ocasión (es fácil imaginarlo señalándolos). ¿Está dirigiendo la atención a las ovejas que ya están a su derecha (está diciendo a las ovejas que miren a su propio grupo y a las cabras que miren al otro grupo)? ¿O hay un tercer grupo no mencionado entre las ovejas y las cabras, delante o detrás de él? Lo primero parece más probable. La otra frase significativa es "aun por el más pequeño". ¡Los menos significativos pueden ser los más significativos! Las valoraciones mundanas son totalmente inapropiadas. El más humilde de los discípulos es importante para Jesús, y tiene un valor infinito para él.

Y él lo toma como algo *personal*. Todo lo que se hace (o no se hace) para sus discípulos se hace (o no se hace) para él. No es solo porque sean sus "parientes". La solidaridad es más que la de una familia. Como Israel era la "niña del ojo de Dios" (el iris, la parte externa más sensible del cuerpo), así los discípulos de Jesús son su cuerpo. Ayudarlos o herirlos es ayudar o herirlo a él (como descubrió Saulo de Tarso en el camino de Damasco, ¡una apertura de ojos que lo cegó! Hch 9:5).

Esta es la *verdadera* base del juicio. La separación se basa en la actitud de cada persona hacia el "rey" mismo, tal y como queda evidenciado (ya sea positiva o negativamente) por su actitud hacia sus seguidores. Estos están tan ligados a él que es pura hipocresía profesar amarlo a él sin amarlos a ellos (1Jn 4:20 señala que los hermanos son la parte visible del Señor; si el amor no puede demostrarse hacia lo visible, ¿cómo puede ser real hacia lo invisible?) El amor a los hermanos es un elemento esencial del verdadero discipulado (Jn 13:34) y la prueba de fuego para saber quién es hijo de Dios (1Jn 3:10). Es muy significativo que esta descripción del Juicio Final no se diera al público en general, sino a los doce apóstoles (Mt 24:3; note "en privado").

RESULTADO DEL VEREDICTO

Podemos perder fácilmente la esencia de lo que sigue si nos centramos en el lugar y no en la persona. El rasgo más importante no es solo *dónde* terminaron los dos grupos, sino con *quiénes* lo hicieron.

Al igual que su actitud hacia el Rey ha decidido la cuestión de su destino, su presencia o ausencia será su principal característica. La recompensa será *venir* a compartir su reino (como sus hermanos son también hijos y herederos de su Padre). Estar con el Padre y el Hijo es ser bendecido, disfrutar de la calidad suprema de "vida", heredar un legado preparado desde el principio de los tiempos.

El castigo es *apartarse* de él, "alejarse" de su presencia para siempre, que es ser "maldito". Es compartir el mismo destino que el diablo, en una situación que también ha sido "preparada" de antemano.

De paso, observamos que los ángeles comparten ambos destinos. Hay "ovejas" y "cabras" allá arriba, así como aquí abajo. Hay ángeles leales al Rey, que ya cuidan de sus hermanos y que lo acompañan cuando vuelve a la tierra. Y hay otros (uno de cada tres, si las "estrellas" de Apocalipsis 12:4 se refieren a ellos) que se han unido al arcángel rebelde, Satanás, y, como "demonios", oprimen a los hermanos del Rey.

Ambos destinos son "eternos". Como mínimo, esto significa que los veredictos son definitivos, sin apelación ni libertad condicional para los culpables y sin cambio o anulación para los absueltos. El uso del mismo adjetivo para calificar "vida" y "castigo", cuando se lee de una manera simple y directa, parece indicar que uno durará tanto como el otro (vea el capítulo 3 para una discusión sobre si "eterno" significa una cantidad o una calidad de tiempo; la mayoría de los estudiosos están de acuerdo en que abarca ambas). Sin embargo, una creciente minoría afirma que el *efecto* del castigo será eterno, pero la *experiencia* del mismo no. El culpable se extinguirá en el fuego (lo que hace que uno se pregunte por qué el fuego es "eterno"). Este punto de vista distingue entre el castigo (que es para toda la eternidad) y la pena (que es solo por un tiempo), esta última aplicada al dolor consciente (que la Biblia llama "tormento"). Sin embargo, el Nuevo Testamento afirma claramente que el diablo será "atormentado día y noche por los siglos de los siglos" (Ap 20:10). Es de suponer que el mismo destino espera a los que se unan a él en el fuego. En cualquier caso, la carga de la prueba recae en quienes afirman lo contrario. No hay ni un solo indicio en el propio pasaje de que el fuego tendrá un efecto sobre los ángeles malos y otro totalmente distinto sobre los humanos malos.

EL MENSAJE ESENCIAL

A veces pasamos por alto lo obvio por mirar las partes en lugar del todo o por concentrarnos en los pensamientos en lugar de los sentimientos. ¿Cuál es el rasgo más llamativo de esta "parábola" profética de las ovejas y las cabras? Seguramente es el elemento sorpresa, que tiene que haber sorprendido a los oyentes originales.

El Día del Juicio estará lleno de imprevistos. Este es un tema constante en boca de Jesús. Los primeros serán los últimos y los últimos serán los primeros. No todos los que lo llamen "Señor" o utilicen su nombre en el ministerio de "liberación" se encontrarán entre las ovejas (Mt 7:21-23).

Tanto las "ovejas" como las "cabras" expresan su sorpresa, incluso su conmoción, ante el veredicto del rey. Ambos habían ignorado la importancia de su actividad (o inactividad). Quizás las mejores cosas que hacemos son aquellas de las que somos menos conscientes. La característica más ofensiva de la justicia propia es su autoconciencia (Lc 18:11-12 es un caso clásico). La reacción de las cabras ("Si hubiéramos sabido que eras *tú*, habríamos hecho algo al respecto") revela que el defecto fatal de su actitud sigue estando en ellas: siguen despreciando a los "más pequeños" y solo ayudan a los importantes.

Pero la mayor sorpresa para el lector de hoy proviene del contexto, y del hecho de que esto no estaba dirigido al público en general (que probablemente lo habría malinterpretado tanto entonces como ahora) sino a los *doce discípulos*. No obstante, ¡todo el discurso (Mt 24-25) está repleto de advertencias sobre el infierno! Ellos mismos podrían acabar en la oscuridad de afuera, con el llanto y el crujir de dientes, con el diablo y sus ángeles en el fuego eterno, como de hecho hizo uno de ellos, Judas Iscariote (Jn 6:70s; 17:12; Hch 1:25).

Como si esto no fuera suficiente, el énfasis en todo momento ha sido en los pecados de omisión más que en los de comisión, en las cosas que no se han hecho más que en las que se han hecho. No alimentar el hogar, no conseguir suficiente aceite para mantener las lámparas encendidas, no usar los talentos, no amar a los hermanos; en una palabra, ¡descuido! Eso solo hace que se gane "un lugar con los hipócritas" (Mt 24:51).

Los Doce habían empezado preguntando por los tiempos

y las señales del regreso de Jesús al planeta Tierra. Él había satisfecho su curiosidad (excepto la fecha real, que ni siquiera él conocía). Una vez hecho esto, les devolvió sus preguntas (como hacía a menudo), diciéndoles que su venida precipitaría una crisis para sus propios siervos. ¿Estarían preparados?

La verdadera prueba de su preparación no sería su reacción a las señales de su inminente aparición, sino cómo se habían comportado durante el "largo tiempo" que había estado fuera (note el énfasis en el retraso en Mt 24:48; 25:5, 19). No lo que estaban haciendo cuando él llegó, sino lo que habían estado haciendo (o, más concretamente, no haciendo) mientras él había estado fuera. Este sería la verdadera cuestión.

Para todos los discípulos, este pasaje ofrece una poderosa motivación para estar atentos a su regreso, diligentes en su servicio y benévolos con sus hermanos. La pereza es, al fin y al cabo, uno de los pecados capitales; quizá el más mortífero y, probablemente, el más adormecedor.

ESTUDIO DE ESCRITURAS D: LOS SEPULCROS ABIERTOS

Lea Mateo 27:52-53.

Cuando Jesús murió, ocurrieron muchas cosas extrañas. El velo que ocultaba el santuario interior del templo se rasgó (de arriba a abajo, indicando un agente divino y no humano, ya que tenía doce metros de altura). El sol se eclipsó durante tres horas (de nuevo, un evento sobrenatural más que natural). Hubo un terremoto (que convenció al oficial romano encargado de la ejecución de que Jesús era "Hijo de Dios").

El terremoto tuvo efectos tanto en muertos como en vivos, abriendo muchas tumbas en el valle del Cedrón, al este de Jerusalén. El paisaje allí es rocoso, con poca tierra. Solo los ricos, como José de Arimatea, podían permitirse una tumba excavada; la mayoría eran enterrados en tumbas muy poco profundas, cubiertas con losas de piedra. Estos cuerpos fueron sacudidos y cayeron por la ladera de la colina por el temblor.

Los restos quedaron expuestos a los elementos. A nadie se le ocurrió reparar los daños durante la Pascua, ya que el contacto con los muertos podía significar una profanación ritual. Si lo hubieran hecho, se habrían asombrado al comprobar que los huesos habían desaparecido.

Tres días más tarde, durante una réplica, un ángel hizo rodar la piedra de la tumba de Jesús. Su cuerpo también había desaparecido, dejando solo el sudario. Más tarde, ese mismo día, el propio Jesús se apareció a familiares, amigos y discípulos. A continuación, los demás que habían abandonado sus tumbas antes que él se aparecieron también a quienes los habían conocido en vida. ¡Qué rumores debieron correr por la ciudad aquella noche, mientras las familias, conmocionadas y aturdidas, se pellizcaban para ver si estaban soñando!

Tan increíble es esta parte del relato del Evangelio que, hasta el día de hoy, incluso los cristianos parecen avergonzados de mencionarla o incluso de pensar en ella. Es como si hubieran llegado al límite de su credulidad. Sin embargo, es posible y necesario encontrar un sentido y un significado a este extraordinario acontecimiento.

Pero ¿fue realmente un suceso o pertenece a ese reino de la leyenda que siempre rodea el recuerdo de personalidades históricas únicas? Los que creen que la Biblia es la Palabra (y las palabras) inspirada de Dios no plantean la pregunta, aunque incluso éstos parecen evitar esta sección concreta de la misma. Para otros, solo se puede señalar que Mateo era un recaudador de impuestos, ¡un improbable receptor de alucinaciones o rumores! Y cabe preguntarse qué razón podría tener para transmitir esta información, aparte de que sea cierta. Debía saber que eso reduciría su credibilidad como testigo fiable.

El siguiente comentario que hay que hacer es que, una vez aceptada la resurrección del propio Jesús, hay muchas menos dificultades con la de otros. En efecto, Jesús mismo había resucitado a otros de entre los muertos, normalmente solo horas después de su muerte (la hija de Jairo y el hijo de la viuda de Naín), pero una vez después de cuatro días, cuando ya había comenzado la putrefacción (Lázaro de Betania).

Otras escrituras contienen sucesos similares. En el Monte de la Transfiguración (probablemente en el Hermón y no en el Tabor) Jesús habló con Moisés y Elías, que llevaban siglos muertos. La bruja de Endor permitió que el rey Saúl se encontrara con el profeta muerto Samuel. Hay que añadir que en ninguno de los dos casos se menciona la existencia de tumbas vacías; por lo tanto, podrían clasificarse como apariciones de sus espíritus, más que como resurrección de sus cuerpos.

Hay un incidente notable en relación con el profeta Eliseo, en muchos sentidos un "tipo" de Jesús (como Elías lo fue de Juan el Bautista). Había resucitado a un muerto (el hijo de una viuda en Sunem, el pueblo más cercano a Naín) y alimentó a una gran multitud con unos pocos panes pequeños. Después de que Eliseo muriera y fuera enterrado, se celebró otro funeral en el mismo cementerio; una banda de asaltantes interrumpió la ceremonia y el cuerpo del hombre fue arrojado apresuradamente en la tumba de Eliseo, ¡y el cadáver revivió inmediatamente y se puso en pie!

De modo que el incidente de Mateo no es más que uno de una serie de incidentes de este tipo, todos los cuales difuminan la frontera entre vivos y muertos. La única característica común a todos ellos es la clara implicación de que la muerte no es el final de la existencia de un individuo, ni siquiera de la existencia corporal.

Los relatos de tumbas vacías son mucho más consistentes con la creencia hebrea en la resurrección del cuerpo que con la creencia griega en la inmortalidad del alma. Los hebreos también creían en un Creador eterno (que podía hacer algo de la nada), mientras que los griegos tendían a creer en una creación eterna (Aristóteles parece haber sido el primero en enseñar una teoría de la evolución). La resurrección requiere la intervención sobrenatural de una deidad creadora. Para Mateo, la resurrección de estos "santos" sería prueba suficiente de la actividad divina en aquella primera Pascua.

Sin embargo, quedan preguntas. ¿Quiénes fueron los resucitados? ¿Estaban Simeón y Ana entre ellos? ¿Hablaron con alguien o solo fueron vistos? ¿A dónde fueron? ¿A sus tumbas? ¿A vivir en la tierra hasta que murieran de nuevo? ¿"Ascendieron al cielo" antes, con o después de Jesús? Tal vez nuestra curiosidad no quede satisfecha hasta que nos unamos a ellos.

Un aspecto es muy desconcertante, ya que tiene implicaciones doctrinales. ¿Qué tipo de cuerpos tenían cuando aparecieron? ¿Fueron sus viejos cuerpos resucitados (en cuyo caso tendrían que morir de nuevo, como Lázaro)?

¿O fue una aparición de sus espíritus (como Samuel, en cuyo caso sus restos no salieron de sus tumbas abiertas)? ¿U obtuvieron nuevos cuerpos gloriosos (como Jesús, en cuyo caso no volverían a morir)?

Esa tercera posibilidad plantea enormes problemas. No solo Jesús dejaría de ser el "primogénito" de entre los muertos, ya que fueron resucitados tres días antes que él (aunque solo fueron vistos después); esto también sería una excepción única al principio de que todos los santos deben esperar la resurrección del cuerpo hasta que Jesús regrese a la tierra para su segunda visita (1Ts 4:16). Los santos del Antiguo Testamento están incluidos en esta espera (Heb 11:40) e incluso toda la creación debe tener paciencia (Ro 8:22). El orden de la resurrección es claro: "Cristo, las *primicias*; después, cuando él venga, los que le pertenecen" (1Co 15:23).

Una cosa se puede decir: la crucifixión de Jesús tuvo repercusiones cósmicas. No solo provocó un terremoto, sino que tocó el mundo de los muertos, liberando a sus habitantes de su mortalidad. Las puertas del hades no pudieron resistir a aquel que poseía las llaves (Ap 1:18). La muerte de Cristo fue realmente "la muerte de la muerte" (frase acuñada por el puritano John Owen). Porque fue en su muerte, no en su resurrección, cuando se abrieron las tumbas y se liberó a los muertos. El príncipe de este mundo mismo, cuyo dominio sobre el género humano era la esclavitud del temor a la muerte (Heb 2:14s), fue expulsado ahora (Jn 12:31).

También es significativo que solo resucitaran personas

"santas". No se trataba de un acto redentor, sino de un acto de recompensa (y nada tiene que ver con una tradición cristiana posterior llamada "El descenso de Cristo a los infiernos"). En ese sentido, fue un anticipo de la "primera" resurrección de los justos, más que de la segunda resurrección "general" justo antes del Día del Juicio (Ap 20:5; vea Estudio de escrituras J).

No obstante, sigue siendo un acontecimiento único, que atestigua la singularidad de ese otro acontecimiento del que fue acompañante. Como tal, no puede utilizarse para establecer ninguna doctrina cristiana sobre el futuro; se mantiene por sí mismo en el pasado. Dice mucho a favor de la autenticidad del registro evangélico el hecho de que una información tan incómoda se registrara fielmente. Eso nos anima a aceptar el relato tal como es y a tener una actitud humilde ante lo que no entendemos.

ESTUDIO DE ESCRITURAS E: EL HOMBRE RICO

Lea Lucas 16:19-31.

Lucas 16 contiene dos parábolas de lo más inusuales, ¡una con dilemas éticos y la otra con dificultades teológicas! Podrían titularse "El buen hombre malo" y "El pobre hombre rico".

La segunda es la que más nos interesa, ya que es la única parábola que describe la existencia póstuma. También es la única que incluye nombres propios: Lázaro y Abraham (*dives* se añadió más tarde, en inglés, y es simplemente la palabra latina para "rico").

Cuatro grandes cuestiones de interpretación exigen atención. Primero, ¿la imagen es original de Jesús o tradicional de los judíos? Segundo, ¿la descripción es fáctica (personas y lugares reales) o ficticia? Tercero, ¿la situación invertida en el otro mundo era el resultado de las circunstancias materiales o del carácter moral? Cuarto, ¿el "tormento" fue en el hades o en el infierno (es decir, antes o después del Día del Juicio)?

Antes de abordar estas cuestiones, será necesario examinar tanto el contexto como el contenido del relato. Dado que el primero suele indicar la orientación del segundo, será útil empezar por ahí.

Hay una serie de vínculos entre lo que llamamos capítulos 15 y 16 (recordemos que Lucas no dividió su relato de esta manera, que a menudo separa lo que Dios ha unido); algunos de ellos son específicamente verbales. El capítulo anterior comienza con *dos* objetos perdidos (una oveja perdida lejos y una moneda perdida en casa; la primera sabía que se había perdido, la segunda no) y continúa con *dos* hijos perdidos (uno lejos, otro en casa), ambos con una actitud comercial hacia su padre "pródigo", que no solo les dio su dinero, sino que "salió" al encuentro de ambos.

Es significativo que las dos historias del capítulo 16 tengan una introducción idéntica: "Había un hombre rico...". El primero de ellos se corresponde con el hijo menor del capítulo anterior. Ambos "derrochan" el dinero de otro (el verbo es exactamente el mismo en 15:13 y 16:1) y ambos terminan redimiendo la situación (uno volviendo a casa para reunirse con su padre y el otro reduciendo las pérdidas para hacer amigos).

El segundo rico se corresponde con el hermano mayor. En ambos se puede discernir la presencia de egoísmo y la ausencia de simpatía. Es importante señalar que el énfasis en ambos capítulos se pone en este actor del drama (aunque la mayoría de los sermones evangelísticos destacan al hijo menor, por razones obvias). ¿A quién representa este segundo personaje?

Es significativo que todas las parábolas de estos dos capítulos, excepto una, se dirigen a un público de fariseos (y a sus asociados académicos, los "escribas"); de hecho, los relatos se dirigen directamente a ellos. Al principio, son muy críticos con el comportamiento de Jesús ("¡comer con pecadores!"); más tarde, se vuelven cínicos ante la afirmación de Jesús de que Mamón y Dios son objetos incompatibles de devoción personal. Como se las arreglaban para ser ricos y religiosos a la vez, su arrogante justicia propia podía despreciar a este maestro sin dinero.

Jesús les acusó de despreciar la ley (cometiendo adulterio abiertamente al divorciarse y volverse a casar) y de despreciar el evangelio (al no recibirlo ávidamente, como hacían otros). Su pretensión de combinar la riqueza con la piedad puede impresionar a sus contemporáneos, pero no engaña a Dios, que conoce el estado de sus corazones.

Si la parábola del delincuente astuto había escandalizado la moralidad de sus oyentes, la siguiente sacudiría su materialismo. Con una claridad devastadora, Jesús contrastó la vida de los que acumulan riquezas en este mundo con su suerte en el otro. Es la más fuerte de sus muchas advertencias sobre los riesgos de la riqueza.

La parábola está construida en torno a una doble comparación: entre los dos personajes principales y entre las dos fases de su existencia (antes y después de la muerte). El punto es la inversión total de sus circunstancias. Pero el foco de atención se centra en el hombre rico (el mendigo guarda silencio a lo largo de la saga); y se lo deja deliberadamente sin nombre, para que los miembros del público pudieran aportar el suyo propio (de la misma manera que Jesús ya les había desafiado a identificarse con el hermano mayor; cf. 15:2 con 15:28-32).

La parábola en sí no necesita comentarios. Con gran economía de palabras, Jesús pintó un cuadro vívido, dramático y memorable del destino irrevocable que espera a los que han disfrutado de la buena vida en la tierra. Pero plantea muchas cuestiones de interpretación y aplicación. Ahora debemos considerar las cuatro mencionadas anteriormente.

¿ORIGINAL O TRADICIONAL?

¿Estaba revelando Jesús nuevas ideas sobre la vida después de la muerte o estaba usando ideas antiguas? ¿Su comprensión básica del futuro era nueva o familiar para sus oyentes judíos?

En la propia parábola está implícita la afirmación de que "Moisés y los profetas" (lo que llamamos el Antiguo Testamento) contienen suficientes advertencias sobre el castigo futuro. Sin embargo, el hecho es que hay una escasez de esta clase de información en las escrituras hebreas.

Lo más que se puede decir es que hay una enseñanza consistente en todo el texto sobre la justicia de Dios y el inevitable juicio del pecado. El día del juicio final está garantizado. También hay profecías específicas contra la acumulación de riqueza, especialmente si ésta incluye la explotación de los pobres o la indiferencia hacia su situación.

Pero la suposición general es que tanto las recompensas

por el bien como el castigo por el mal se darán en esta vida. El *Seol* (el equivalente hebreo del griego: *Hades*), el mundo de los difuntos y los espíritus desencarnados, se considera una existencia sombría de inactividad inconsciente, sin posibilidades de comunicarse entre sí o con el Señor.

No obstante, hay pruebas claras de que durante los cuatrocientos años que transcurrieron entre el Antiguo y el Nuevo Testamento, algunos judíos habían desarrollado conceptos mucho más claros. Mientras que los saduceos liberales conservaban su escepticismo sobre la supervivencia más allá de la tumba, los fariseos más conservadores creían en la resurrección, el juicio, el cielo y el infierno. La literatura de la época (que llamamos "apócrifos"; significa "ocultos", porque no están publicados abiertamente en el "canon", o "regla", de las escrituras) contiene una serie de palabras y conceptos que aparecen en la parábola de Jesús (por ejemplo, en Enoc y 2 Esdras).

Parece que los oyentes de Jesús estarían bastante familiarizados con su descripción de la vida después de la muerte, sobre todo porque eran fariseos (v. 14). De hecho, este es el método parabólico; como toda buena enseñanza, comienza con una situación o un acontecimiento que sería conocido o comprendido por la audiencia (la única diferencia aquí es que lo familiar fue tomado de la otra vida en lugar de esta). El objetivo principal de la historia no era impartir información, sino cuestionar suposiciones.

Toda parábola contiene una sorpresa, un rasgo inesperado que no es familiar. En este caso, la sorpresa no es *lo* que les ocurrió a los dos hombres que murieron, ¡sino a *quiénes* les ocurrió! Que el que estaba sufriendo el tormento fuera uno de los elegidos de Dios (note "padre Abraham" en el v. 24; cf. Jn 8:39-41) y además rico, habría sido un golpe devastador para su autosuficiencia (entonces, como ahora, la riqueza se consideraba un signo de la bendición y la aprobación de Dios; la pobreza, lo contrario).

Nuestra conclusión es que Jesús estaba trabajando con el marco básico de pensamiento sobre la vida después de la muerte de sus oyentes, al tiempo que introducía un giro sorprendente para penetrar su cómoda arrogancia. Pero ¿era el marco de su propio pensamiento, así como el de ellos?

¿REALIDAD O FICCIÓN?

¿Es la parábola "solo una historia"? Aunque aceptemos su desafío como real, ¿tomamos el resto de la misma como una guía precisa para el futuro? Al utilizar las formas de pensamiento de sus oyentes, ¿estaba Jesús imprimiéndoles la aprobación de su propio conocimiento?

En un extremo, hay quienes la descartan como un mito que contiene una verdad, una fábula con una moraleja, que debe ser tratada como un producto de la imaginación y no como una mina de información. El punto principal de la parábola es la única parte que debe tomarse literalmente, o incluso en serio; el resto es ficción.

En el otro extremo, hay quienes no consideran que se trate de una "parábola" en absoluto. Partiendo de la característica inusual de un personaje con nombre (el único caso en todas las historias que Jesús contó), ven esto como un informe directo de eventos reales que ya habían tenido lugar conocidos por Jesús y posiblemente también por su público. El número exacto de hermanos supervivientes (cinco) es otra indicación; el número no es esencial para la narración. ¡Puede que incluso estén entre los oyentes! El hombre rico no se nombra por razones de delicadeza. La gran reversión de la fortuna es ya pasada, no futura (los verbos están todos en pasado, aunque esto es una característica de todas las parábolas).

Sin embargo, el relato tiene todas las características de una parábola. La frase inicial es idéntica a la anterior ("Había un hombre rico..."). Hay una buena razón para nombrar a una persona, aunque esto no la identifique (vea más adelante). El estilo y la estructura son bastante típicos de las historias contadas por este, el más grande de todos los maestros.

Pero esto no significa necesariamente que el acontecimiento ficticio no haya podido suceder nunca en la realidad. De hecho, la "realidad" de las parábolas depende de la posibilidad de que tales cosas puedan suceder y hayan sucedido (como es ciertamente el caso de las cuatro anteriores en estos dos capítulos).

¿Habría escogido Jesús conceptos erróneos populares para hacer su punto de vista? ¿Daría un susto a la gente describiendo un peligro que nunca se materializaría (los estudiosos llaman a esto "advertencia existencial")? ¿Se parece a aquel que dijo: "Si no fuera así, ya se lo habría dicho a ustedes" (Jn 14:2)? ¿Acaso alguien que siempre dijo la verdad habría utilizado horrores puramente imaginarios para influir en los demás?

Si la imagen no se corresponde con la realidad, se presta a confusión y solo podría dar lugar a temores infundados. Dado que ésta es una de las pocas ocasiones en que Jesús habló directamente sobre el futuro de las personas, debió de darse cuenta de que sus palabras serían tomadas muy en serio y que se supondría que expresaban sus propias convicciones.

Hay algo en la parábola misma que da peso a la exactitud de su descripción. El clímax y el desafío se encuentran en la parte final de la parábola, es decir, el hecho de que los seis hermanos no tomaran en serio las palabras de advertencia ya contenidas en sus propias escrituras. La Palabra de Dios se reduce a un sinsentido si "este lugar de tormento" es un producto de la imaginación, ya sea humana o divina. Es inconcebible que Jesús castigue tal imprudencia con amenazas puramente ficticias. Si Moisés y los profetas deben ser tomados con una seriedad mortal, cuánto más las advertencias del Hijo del Hombre que bajó del cielo (Jn 3:12s).

De paso, podemos observar el valor probatorio relativo de las palabras y las obras divinas, según la estimación de Jesús. Si el mensaje es rechazado, es poco probable que los milagros convenzan. La exigencia de pruebas es espuria. Ni siquiera el regreso de los muertos eliminaría el escepticismo. Imagínese las reacciones de los cinco hermanos ante el anuncio: "¡Acabo de volver de entre los muertos y he visto a tu hermano en el infierno!". En realidad, otro "Lázaro" volvió, al igual que la persona que contó esta parábola, pero ninguna de las dos resurrecciones fue suficiente para hacer cambiar de opinión a los que no querían creer (la fe sigue siendo una cuestión de elección más que de pruebas).

Si aceptamos que Jesús estaba siendo honesto acerca de lo que podía suceder y sucedería a sus oyentes, hay dos cuestiones más que afrontar.

¿DINERO O MORAL?

¿Sufría el rico porque había sido rico y el pobre era consolado porque había sido pobre? ¿Es la próxima vida simplemente una inversión de esta (como parece implicar el v. 25), de modo que podemos elegir vivir bien aquí o en el más allá, pero no ambas cosas? ¿El "tesoro en el cielo" está en relación directa con la pobreza en la tierra? ¿Será por eso que Jesús dijo: "Dichosos ustedes los pobres... pero ay de ustedes los ricos, porque ya han recibido su consuelo" (Lc 6:20, 24)?

Si es tan simple como esto, entonces tendremos que predicar un evangelio diferente, uno que excluya la necesidad de expiación, por ejemplo. Seguirá siendo una "buena noticia para los pobres", en el sentido de que no tienen que hacer nada más que seguir siendo pobres para estar seguros del cielo. ¿No es esto precisamente lo que Karl Marx llamaba "el opio del pueblo"?

Tal puede ser la impresión que deja una lectura superficial. Pero ¿es la disparidad financiera la *única* diferencia entre "el magnate y el vagabundo"?

Ciertamente, al rico no se le acusa directamente de vicio privado ni de delitos públicos. Sin embargo, se le puede acusar de autoindulgencia (note sus hábitos de vestir y comer, incluso sus puertas de entrada ornamentales), de indiferencia hacia los demás (se cruzaba con el mendigo cada vez que salía) y de ignorancia de Dios (su Biblia se quedaba en el estante), todo ello fomentado por su preocupación por las cosas buenas de la vida. Cabe destacar que pecó menos en lo que hizo que en lo que dejó de hacer. Ya hemos observado que los pecados de omisión tienen la misma probabilidad de llevar a alguien al infierno que los pecados de comisión (vea Estudio de escrituras C).

Ciertamente, el hombre pobre tampoco es elogiado por ninguna virtud. Pero Jesús le dio un nombre, y los nombres en la Biblia son significativos, ya que a menudo indican la naturaleza de una persona. "Lázaro" es el equivalente en inglés/español del hebreo "Eleazar", que puede traducirse libremente como "Dios me ayuda" (¿en qué circunstancias nació para que su madre le llamara así?). Algunos han dicho que este nombre era un recurso puramente literario para que Abraham pudiera referirse a él, pero seguramente es más significativo que eso. ¿No está indicando Jesús que buscaba el apoyo del Señor, cuando no recibía ayuda de nadie más? En otras palabras, era tan dependiente del Señor como su contraparte era independiente de él. Tal es el efecto típico de la riqueza, aunque no siempre el de la pobreza.

Obtener o tener dinero no es en sí mismo pecaminoso, hasta que afecta y se apodera de su poseedor. Es difícil, pero no imposible, que un rico entre en el reino. El dinero puede fácilmente tomar el lugar de Dios. Es imposible, no solo difícil, servir a Dios y a Mamón al mismo tiempo (v. 13).

Dios es el gran revolucionario. Humilla a los orgullosos y enaltece a los humildes. Llena de bienes a los hambrientos y despide a los ricos con las manos vacías (Lc 1:52s), aunque no necesariamente en este mundo; la mayor parte de la revolución tendrá lugar en el otro. Entonces se hará justicia y se verá que se hace justicia.

¿Pero cuándo será esto? ¿Cuando muramos o después del Día del Juicio?

¿HADES O INFIERNO?

¿Comienza el sufrimiento de los que son ricos en lo material pero pobres en lo espiritual en cuanto mueren?

Hay algunas omisiones sorprendentes en la parábola; el cuadro está lejos de ser completo. No hay resurrección del cuerpo ni Día del Juicio. Por tanto, no hay "estado intermedio" (vea el capítulo 3). Sobre todo, Dios está totalmente ausente. Los ángeles llevan a un hombre al "cielo" y Abraham le dice al otro que se quede en el "infierno". No hay decisión divina ni declaración de culpabilidad de uno o de inocencia del otro.

Hay una complicación más. Cuando Jesús hablaba del lugar de castigo que llamamos "infierno", solía utilizar el nombre de "Gehena" (el vertedero de las afueras de Jerusalén; vea el capítulo 3). En esta parábola, utiliza "hades", el nombre de la morada de los espíritus desencarnados entre la muerte y la resurrección.

La impresión clara es que el hombre rico estaba "en medio de los tormentos" inmediatamente después de su muerte, incluso mientras sus hermanos asistían a su fastuoso funeral. Entonces, ¿cómo encaja esto con las demás revelaciones del Nuevo Testamento sobre nuestro paso individual al futuro?

Una solución es suponer que los sufrimientos de los perdidos comienzan antes del Día del Juicio y solo se agravan después. La custodia antes del juicio es ya una experiencia dolorosa, más que una espera neutral. Algunos aniquilacionistas enseñan el sufrimiento consciente hasta el Día del Juicio y el olvido después (¡esta inusual inversión del juicio y el castigo tiene el efecto perverso de hacer del Día del Juicio algo que los pecadores pueden esperar!).

Sin embargo, hay razones convincentes para creer que Jesús se refiere al estado final y no al inmediato después de la muerte. El lenguaje ("moje la punta del dedo en agua y me refresque la lengua") implica una existencia corporal. El fuego siempre se asocia con el infierno, al igual que la sed intensa. Los términos "tormento" y "agonía" difícilmente impliquen que el sufrimiento sea leve.

Creemos que la verdadera explicación es que, para el propósito de esta parábola, la imagen ha sido deliberadamente simplificada. Se ha omitido toda información incidental y se han excluido acontecimientos irrelevantes. El tiempo se ha condensado: las tres fases de nuestra existencia se han reducido a dos (este tipo de "escorzo profético" es un rasgo común en las escrituras). El "hades" no es aquí un título específico para el estado intermedio, sino un término general para la existencia póstuma.

Hay que recordar que Jesús no estaba respondiendo una pregunta sobre el futuro, sino cuestionando una actitud en el presente. La parábola era un ataque a los que se burlaban de sus advertencias sobre la riqueza. El arma de su lengua (que se parece a la espada de dos filos del soldado romano) se afiló reduciendo la historia a lo más esencial.

Todo lo que dijo era fiel a la realidad, pero no era toda la verdad sobre la realidad, y nunca pretendió serlo. Si hubiera incluido todo el programa futuro, la parábola habría sido tan larga como el libro del Apocalipsis, y el punto real habría quedado sepultado bajo una masa de detalles. Queda extraer las verdades que se subrayan en la parábola.

La muerte no es el fin de la existencia consciente. La personalidad esencial sobrevive, con la memoria intacta. La comunicación con los demás es característica de la vida antes y después de la muerte.

Para algunos, la vida del más allá será mucho mejor que la vida aquí, mientras que para otros será mucho peor. La diferencia es el resultado directo del carácter de la vida aquí. Muchos se llevarán una gran sorpresa.

Los destinos son fijados al morir. El futuro es entonces irrevocable, porque el pasado es inalterable. Solo hay dos posibilidades, con un "gran abismo" entre ellas. Tampoco es posible que los muertos influyan en los vivos (o, a la inversa, que los vivos ayuden a los muertos).

El infierno es horrible. En esta parábola, las llamas atormentan, pero no aniquilan. La agonía es tanto física como mental. Hay conciencia de estar excluido del "cielo", apartado del pueblo de Dios.

Todos estos hechos se confirman en otras partes de la enseñanza de Jesús, muchas de las cuales no se encuentran en el contexto inmediato de esta parábola. En términos negativos, nada de lo que se dice aquí es inconsistente con cualquiera de sus declaraciones directas sobre el futuro.

Si no tomamos las palabras de Jesús con la seriedad que él pretendía, no estaríamos convencidos de su exactitud, aunque el propio hombre rico volviera para advertirnos. El escéptico seguirá viviendo como si no fuera rico (a diferencia de otros) y como si no fuera a morir (a diferencia de todos los demás). Esta parábola echa por tierra ese autoengaño.

ESTUDIO DE ESCRITURAS F: EL LADRÓN MORIBUNDO

Lea Lucas 23:39-43.

Si la parábola del hombre rico en Lucas 16 subraya que la muerte pone fin a la oportunidad de arreglarse con Dios, el incidente del ladrón moribundo en Lucas 23 subraya que la puerta está abierta hasta el momento de morir. Solo la eternidad revelará cuántas conversiones en el lecho de muerte han sido inspiradas en este incidente.

Sin embargo, a diferencia de muchas de ellas, la súplica en este caso fue espontánea. Nadie, ni siquiera Jesús, le instó a hacer las paces con Dios antes de que fuera demasiado tarde. Si algo impulsó al moribundo a decir lo que dijo, fue el insulto sarcástico de su compañero de fechorías a Jesús ("Se supone que eres el Mesías, asi que haz lo tuyo y sácanos de esto"). Incluso este desafío insolente contenía una admisión a regañadientes de que había ayudado a muchos otros a salir de sus problemas (un hecho ampliamente conocido y aceptado).

El comportamiento de Jesús durante la degradante procesión y la agonizante crucifixión también debió causar una profunda impresión, especialmente cuando pidió perdón para los responsables, todo lo contrario de la reacción habitual de las víctimas, que era maldecir y blasfemar.

Tampoco hay que pasar por alto que era judío, y que tenía una formación religiosa, aunque un deficiente historial moral. Estaba convencido de que Dios enviaría un "rey ungido" (en hebreo, *meschiah*; en griego, *christos*), que heredaría un trono y establecería un reino. Sin duda, el cartel clavado en la cruz sobre la cabeza de Jesús también contribuyó a su línea de pensamiento (mientras que su propia "acusación" decía "ladrón", Pilato, más como un acto de desafío impotente que de valentía moral, había escrito para Jesús "Rey de los judíos").

Su pedido revela una profunda percepción de la realidad de la situación. Su honesta evaluación de sí mismo revela un verdadero *arrepentimiento*. Reconociendo y aceptando que su castigo a manos del hombre es justamente merecido, ha conservado el temor mayor de merecer el castigo de manos de Dios. Se asombra de que su compañero esté dispuesto a arriesgarse también a ello. Este temor de Dios es un elemento esencial en la verdadera penitencia y es el principio de la sabiduría. Su propia culpa se ve magnificada por la inocencia del "hombre" de la cruz de al lado, al que ahora se dirige por primera vez por su nombre (¿acaba de oírlo o lo conoce desde hace tiempo?).

Su pedido revela una *fe* notable. No solo cree que Jesús es el "Rey de los judíos" (probablemente el único que lo creía en ese momento), sino que también está convencido de que este moribundo recibirá un día su reino. El hecho de que piense que esto solo ocurrirá en un futuro lejano está implícito en su petición de "ser recordado"; será lo suficientemente lejos como para que él haya sido olvidado. Esto también significa que creía en una futura resurrección (tanto de Jesús como de él mismo) cuando llegara ese momento. Estas suposiciones subyacentes tienen un fuerte sabor mesiánico, más cercano al credo de los fariseos que al de los saduceos.

La respuesta de Jesús también refleja el pensamiento judío contemporáneo. El término "paraíso" era originalmente una palabra persa que significaba "jardín amurallado", y se utilizaba especialmente para referirse a los terrenos de los palacios (ya que pocos, aparte de los reyes, tenían esos lugares), donde el rey se paseaba con sus amigos preferidos. La palabra transmitía la sensación de sentirse muy honrado (como lo haría una invitación a una fiesta en el jardín del Palacio de Buckingham). En el momento en que Jesús la utilizó, los judíos probablemente ya la aplicaban a una sección especial del "hades" reservada para aquellos que eran particularmente justos a los ojos de Dios y dignos de su presencia más cercana (más o menos equivalente al "seno de Abraham" en Lc 16:22). Está claro que Jesús no necesitaba explicar el término; el ladrón moribundo lo entendía perfectamente.

La palabra más significativa, sin embargo, es "hoy". No habrá necesidad de que Jesús busque en su memoria para recordar al ladrón, porque su relación, establecida en circunstancias tan inusuales, no se vería interrumpida sino potenciada por la muerte inminente de ambos. Estarían juntos más tarde ese mismo día, libres de su dolorosa y humillante situación.

La promesa de Jesús implica sin duda que ambos estarían plenamente conscientes y podrían comunicarse entre sí. ¿Qué consuelo real podría haber en un coma compartido? Todavía hay quien insiste en afirmar el "sueño del alma" entre la muerte y la resurrección, a menudo reordenando este texto: "Hoy te digo que estaremos juntos en el paraíso". Es poco probable que Pablo deseara "partir y estar con Cristo, que es muchísimo mejor" (Fil 1:23) si eso significara dejar de ser consciente de su relación. La frase "dormido" es simplemente un eufemismo para el momento de la muerte, basado en la apariencia del cuerpo cuando el espíritu ha partido de él.

Hay un significado aún más profundo en la palabra "hoy". Desde el advenimiento de Jesús, el reino venidero es presente y futuro, tanto ahora como todavía no. Ya se puede entrar en él y disfrutarlo, aunque no se establecerá y no se podrá heredar hasta más adelante. El futuro ha invadido el presente. El mañana ya forma parte del hoy. "Si expulso a los demonios por medio del Espíritu de Dios, eso significa que el reino de Dios ha llegado a ustedes" (Mt 12:28). El término técnico utilizado por los teólogos para describir esta dimensión del reino que ya está "cerca" (es decir, a nuestro alcance) es "escatología realizada".

Se trata de un elemento esencial del evangelio. Hay muchos ejemplos de esta "distorsión del tiempo", pero hay uno que lo resume: la resurrección de Lázaro (Jn 11:1-44). Tras la muerte de Lázaro, Jesús consoló a su hermana Marta diciéndole que su hermano resucitaría, pero ella no encontró consuelo en ese pensamiento, ya que lo veía como un acontecimiento lejano, en el futuro ("en el último día" de la historia del mundo). Jesús le aseguró entonces que, puesto que él mismo *era* la resurrección y la vida, el futuro podía trasladarse al presente para los que creyeran en él. En respuesta, Marta se convirtió en la primera mujer en verbalizar la creencia de que Jesús era "el Cristo, el Hijo de Dios, el que había de venir al mundo" (v. 27; unas semanas antes, Pedro había sido el primer hombre en hacer tal confesión). A pesar del escepticismo pragmático ("ya debe oler mal, pues lleva cuatro días allí", su fe en Jesús se vio recompensada al presenciar de primera mano en una tumba lo que un día sucederá en todos los lugares de descanso de los muertos (Jn 5:28s). El espíritu de Lázaro se reunió con su cuerpo (aunque hay que precisar que se trataba de su viejo cuerpo rejuvenecido, que luego tuvo que volver a morir, a diferencia de la única resurrección de Jesús, que prefiguraba más verdaderamente el "último día").

El breve encuentro entre el Salvador moribundo y el ladrón moribundo se considera, con razón, uno de los incidentes más inspiradores del relato de los evangelios. Pero se le puede dar demasiada importancia. Lucas nunca pretendió que se utilizara como norma para la conversión cristiana, ni como precedente de las calificaciones mínimas requeridas para escapar del infierno y entrar en el cielo. (He examinado las graves implicaciones de esta aplicación errónea en el capítulo 9 de *El nacimiento cristiano normal*).

El pobre hombre no estaba en condiciones de ser bautizado en agua o en Espíritu (estaba en el lugar equivocado para el uno y el tiempo equivocado para el otro). No podía expresar su gratitud ni ganar una recompensa a través de un servicio fiel. Nunca escuchó el evangelio completo (que incluye los eventos de Pascua y Pentecostés). Lo que sí tenía era una relación personal con el Señor Jesús que no se vería afectada por la muerte, y eso es el corazón, si no es el todo, de nuestra esperanza para el futuro.

ESTUDIO DE LAS ESCRITURAS G: EL FUEGO DE PRUEBA

Lea 1Corintios 3:10-15 y 5:1-12.

Se suele dar por sentado que los cristianos nunca serán juzgados. El capítulo 8 de la carta de Pablo a los Romanos es el "texto de prueba" favorito para esta suposición: comienza con "ninguna condenación" y termina con "ninguna separación".

Muchos pasan por alto el tiempo presente en la afirmación "Ya no hay condenación para los que están en Cristo Jesús" (Ro 8:1; note que "están" no es "estuvieron alguna vez"). Esto solo puede decirse de los que siguen "permaneciendo" en Cristo; las ramas que no permanecen en la vid son cortadas y quemadas (Jn 15:6).

También hay una omisión significativa en la lista de personas y cosas incapaces de "apartarnos del amor que Dios nos ha manifestado en Cristo Jesús nuestro Señor" (Ro 8:39); a saber, nosotros mismos. Un poco más adelante en la misma carta, Pablo recuerda a los "santos" en Roma que su posición en los propósitos de Dios es condicional: "si no te mantienes en su bondad, tú también serás desgajado [al igual que 'algunas' de las ramas judías]" (Ro 11:22).

A lo largo de las epístolas del Nuevo Testamento (todas ellas dirigidas a creyentes y no a incrédulos) aparecen dispersas varias declaraciones claras de que los lectores serán juzgados. Los lectores pueden consultar Ro 2:1-6, preguntándose a quién se dirige Pablo como "tú" (a la luz de Ro 1:7) y a quién se refiere como "nosotros" en Ro 14:10. En su correspondencia con los corintios es inequívoco: "Porque es necesario que todos comparezcamos ante el tribunal de Cristo, para que cada uno reciba lo que le corresponda, según lo bueno o malo que haya hecho mientras vivió en el cuerpo" (2Co 5:10).

Algunos intentan suavizar esto con la afirmación de que este juicio "solo tiene por objeto evaluar las recompensas por la fidelidad". Pero seguramente el castigo se debe a cosas "malas" hechas en el cuerpo, no solo a la pérdida de la recompensa.

Otros se aferran a la esperanza de que uno de los textos que estamos considerando ahora (1Co 3:10-15) revela lo peor que podría suceder a los creyentes en dicho juicio. Es decir, los creyentes mismos seguirían siendo salvos, pero sufrirían una pérdida considerable de su historial aprobado y de la recompensa correspondiente.

Algunos incluso sugieren que Jesús solo se refería a esta "prueba por fuego" cuando advirtió a sus propios discípulos sobre el infierno. En otras palabras, el "infierno" para ellos significaría la pérdida de todo menos su salvación. El "llanto y rechinar de dientes" sería por lo que habían perdido, no porque ellos mismos fueran a perderse.

¿Admitirá el texto esta interpretación? ¿Es esto lo peor que le puede pasar a un creyente? ¿Está el cristiano absolutamente seguro de acabar en el cielo, aunque haya perdido todo lo que esperaba llevar consigo? El pasaje debe ser desmenuzado cuidadosamente.

En primer lugar, quitemos de en medio cualquier supuesta conexión entre este pasaje y el tema del infierno. Pablo no se está refiriendo aquí al castigo final, sino al juicio final. No hay rastro de ninguna sugerencia de que alguien pueda pasar por el "lago de fuego" y salir chamuscado, pero salvado. El infierno no es el purgatorio. Los que son enviados allí, permanecen allí.

El fuego al que se hace referencia aquí es el fuego del juicio y no el fuego del castigo. Es el fuego de Dios (cf. Heb 12:29) más que el fuego del infierno. Es el fuego que refina el metal y quema la escoria, mejorando lo bueno y empeorando lo malo.

En segundo lugar, el fuego no se aplica a las personas mismas, sino a sus obras. Es su trabajo el que es sometido al fuego; sus logros, más que ellos mismos.

En particular, lo que se examina es su servicio a Cristo y a su iglesia. La actividad que ellos mismos y otros considerarían como buena e incluso piadosa debe ser probada para ver si tiene algún valor duradero en los propósitos de Dios.

Lamentablemente, es posible estar muy ocupado en el trabajo de la iglesia, pero hacerlo de manera equivocada, en el momento equivocado, por el motivo equivocado, con el propósito equivocado y con la gente equivocada. No es la cantidad, sino la calidad, de nuestro servicio lo que importa a largo plazo.

Pablo se preocupa especialmente por los trabajadores que han seguido su ministerio pionero. Ha plantado comunidades del reino en territorio virgen (Ro 15:20). Pero los apóstoles deben seguir moviéndose hacia nuevos campos, dejando sus comunidades incipientes para que otros las alimenten.

Era vital que sus sucesores siguieran sus propios principios, o las iglesias se derrumbarían en lugar de edificarse. Como "maestro constructor" (Pablo no sufría de esa falsa modestia que es una impostura de la verdadera humildad), se había asegurado de que sus conversos estuvieran arraigados y cimentados en Cristo, y en nadie más. Este fue el sólido "fundamento" de su trabajo de plantación de iglesias. Lo que se construía sobre eso por otros ministerios podría variar enormemente.

Por el contexto, nos enteramos de la forma de "construcción defectuosa" que más preocupaba a Pablo. El trabajo que centra la atención en una personalidad humana, que da demasiada importancia a un ministerio, que hace que los creyentes se conviertan en seguidores de un hombre, que glorifica un nombre humano, que hace discípulos de uno de los siervos de Cristo en lugar de Cristo mismo, todo esto le quita la preeminencia al Señor que debería tenerla indivisa. Él no es solo el fundamento seguro, sino que debe ser todo el edificio.

Tal vez por eso no hay rastro de un ministerio unipersonal en el Nuevo Testamento. Los apóstoles siempre viajaban en parejas, a menudo con equipos más grandes. Los ancianos locales eran siempre plurales. Hay seguridad en los números. El Señor nunca da todos los dones necesarios a uno de sus siervos, aunque él mismo los tuviera todos.

Un ministerio centrado en el hombre será no resistirá la prueba del fuego. Sin embargo, la mayoría de los ministerios son una mezcla de elementos temporales y eternos. Por lo tanto, hay un número y una variedad mucho mayor de resultados de esta prueba (no se lo denomina "juicio"). Esto se expresa en la lista de metáforas materiales: desde lo más precioso (el oro) y aún valioso (la plata), ambos purificados por el fuego, pasando por lo que no se ve afectado (las piedras costosas), lo que tarda en quemarse (la madera) y, finalmente, hasta lo que desaparece rápidamente en las llamas (el heno o la paja). A diferencia de esta prueba, todos los acontecimientos calificados como "juicios" en el Nuevo Testamento revelan solo dos categorías.

Cuánto se necesita este recordatorio en estos días de iglesias "exitosas" y de un número cada vez mayor de organizaciones paraeclesiásticas, tan a menudo construidas en torno a la visión o el don de un hombre. Los criterios divinos para evaluar el ministerio pueden ser muy diferentes a los nuestros.

En tercer lugar —y este punto es crucial—, este pasaje se refiere a servir más que a pecar. Se trata de logros ministeriales más que de abusos morales, la prueba de actividades que son intencionalmente buenas más que deliberadamente malas. Pablo no trata aquí del apartamiento, y mucho menos de la apostasía.

Esto es lo peor que le puede pasar a un trabajador cristiano cuyo servicio para el Señor no es lo suficientemente bueno, pero que al menos intenta hacer algo que valga la pena, aunque fracase.

Pero no es lo peor que le puede pasar a un cristiano que voluntariamente continúa en los pecados de su vida anterior o se entrega a la carne de maneras nuevas. Más adelante en esta misma carta, Pablo revela, casi inadvertidamente, lo que cree que puede suceder a estas personas. Enumera algunas de sus transgresiones pasadas —"adúlteros, prostitutos, infractores homosexuales, ladrones, codiciosos, calumniadores, estafadores"— y deja absolutamente claro que los tales "no heredarán el reino de Dios" (1Co 6:9s). El hecho de que aplique el "no" tanto a creyentes como a incrédulos se demuestra en su declaración paralela a los hermanos gálatas. Después de una lista similar de tales "obras de la carne", dice: "Les advierto ahora, como antes lo hice, que los que practican tales cosas no heredarán el reino de Dios" (Gá 5:21).

Este peligro se menciona también en el segundo pasaje que estudiamos en esta epístola (1Co 5:1-12). Uno de los miembros de la iglesia de Corinto vivía abiertamente en una relación incestuosa con su propia madre (o madrastra; "la mujer de su padre" podría significar cualquiera de las dos cosas). De modo que incluso la iglesia primitiva tenía sus escándalos, algo que deben recordar los que idealizan ese primer período.

La situación debe ser corregida inmediatamente. La razón obvia es la reputación de la comunidad y la credibilidad del evangelio. Pero Pablo también está preocupado por el riesgo que corre el hombre implicado. Dado que no parece haber respondido a la reprimenda, los miembros en conjunto (y no solo los ancianos) deben ejercer la disciplina. Deben abandonar su indiferencia ante la situación y su arrogancia (¿de qué estaban orgullosos, de su mente abierta?) y dar dos pasos más para tratar al malhechor.

La primera es la excomunión: el malhechor debe ser expulsado de la comunión. Esto implicaría negarse a comer con él, no solo en la mesa del Señor, sino también en otras comidas. Llega un punto en el que es imposible desvincularse del pecado sin desvincularse del pecador que se niega a renunciar a su pecado. Note que esto solo se aplica a pecadores dentro y no fuera del pueblo de Dios.

La segunda es más drástica, y es la sanción final que cualquier iglesia puede imponer a uno de sus miembros. En un acto solemne y compartido, la comunidad debe entregar a su miembro a Satanás (no se nos dice si deben dirigirse directamente a éste así como a la persona en cuestión). El propósito de esto es claro: que el diablo, fuente de toda enfermedad y muerte, pueda afectar de tal manera a su cuerpo que sus deseos carnales ya no puedan ser ejercidos (el uso que hace Pablo de la palabra "carne" es algo ambiguo; la usa tanto de manera neutral para el cuerpo como de manera negativa para la naturaleza caída; la última usa a la primera como su instrumento).

No se puede enfatizar demasiado que el propósito de este ritual radical es redentor. Al poner fin al pecado de esta forma, invitando a Satanás a "destruir" la carne, su espíritu se salvará en el día del Señor (es decir, el Día del Juicio). Podrá perder su cuerpo, pero conservará su alma.

La implicación es obvia, pero rara vez se deduce. Si se permite que el hombre continúe en el pecado y la iglesia no hace nada al respecto, bien podría llegar al punto de no retorno y su espíritu no se salvaría en ese día. La iglesia perdería a uno de sus miembros para siempre. Si sigue sembrando para la carne como lo está haciendo, recogerá una cosecha de destrucción (Gá 6:7s; otra advertencia dirigida a creyentes). En el momento de escribir, Pablo estima que el hombre aún no ha ido demasiado lejos y que todavía puede "ser salvado", pero solo si la iglesia actúa rápidamente en su favor. De lo contrario, pasará a estar "más allá de la redención".

Una exhortación similar aparece en la carta de otro apóstol (1Jn 5:16s). Aquí el remedio para un hermano al que se observa cometer un pecado (note que se trata de un acto único, no de un hábito continuo) es la intercesión amorosa. Pero también aquí puede llegar un momento en que el pecado es demasiado grave para que la oración sirva de algo. "Hay un pecado que sí lleva a la muerte" (Juan no especifica cuál es). Existe la posibilidad de recaer más allá del alcance de los hermanos orantes (y del Padre oyente).

Otro escritor del Nuevo Testamento, el autor anónimo de la epístola a los Hebreos, dice lo mismo. Sus advertencias abarcan la simple negligencia (Heb 2:1-3), la apostasía pública (Heb 6:1-8) y la persistencia deliberada en el pecado (Heb 10:26s).

Parece dar por sentado que la salvación puede perderse, pero va mucho más allá al afirmar que, una vez perdida, no puede recuperarse nunca (Heb 6:6), aunque asegura a sus lectores que confía en que esto no ocurrirá "en cuanto a *ustedes*" (Heb 6:9), lo que no significa que no crea que pueda suceder en *ningún* caso. Estas afirmaciones y, de hecho, la idea central de toda la carta, se describen a menudo como "difíciles", pero solo son difíciles para quienes vienen con mentes ya convencidas de la máxima "una vez salvo, siempre salvo".

Para resumir nuestros pensamientos sobre estos dos pasajes de la correspondencia con los corintios, hay una diferencia fundamental entre servir y pecar cuando estemos ante el tribunal. El siervo que transigió será separado de su servicio y no será condenado con él. El pecador continuo no será separado de su pecado y será condenado con él. Para el Señor, la santidad es de mucha mayor importancia que estar atareado.

ESTUDIO DE LAS ESCRITURAS H: LA SEGUNDA OPORTUNIDAD

Lea 1Pedro 3:17 – 4:6.

No tenemos ningún registro del encuentro de Pedro con Jesús resucitado en aquel primer domingo de Pascua (1Co 15:5) y, por tanto, no tenemos idea de lo que cada uno dijo al otro en aquella ocasión. Sin embargo, es al menos posible que Pedro, con su habitual e impetuosa curiosidad, preguntara a Jesús dónde había estado y qué había estado haciendo durante las setenta y dos horas que faltaban (la mayoría de las pruebas sugieren que Jesús murió a las 15 horas del miércoles 14 de Nisán del año 29 d.C. y resucitó entre las 18 horas y la medianoche del sábado siguiente, el "primer día" de la semana hebrea que comenzaba al atardecer; esto permitiría sus "tres días y noches" predichos en la tumba según el cálculo hebreo y su resurrección al "tercer día" según el cálculo romano; el día de reposo que siguió a su muerte no fue el sábado, sino el día de reposo especial de la Pascua; Jn 19:31).

La respuesta de Jesús, en cuanto a su paradero y actividad entre su muerte y resurrección, puede encontrarse en una carta que Pedro escribió muchos años después y que contiene una pieza de información extraordinaria. Esto es algo que rara vez se comparte en el púlpito, entre otras cosas porque la mayoría de los cultos de Semana Santa terminan el Viernes Santo, y solo se reanudan el Domingo de Pascua por la mañana, ¡dejando que las congregaciones supongan que Jesús no hizo nada importante durante el intervalo!

Si tomamos el pasaje en su sentido "más llano y sencillo", parece que Jesús fue a predicar el evangelio a los que ya estaban muertos (y por tanto en el "hades"). Pero no a todos ellos; su congregación estaba compuesta por toda aquella generación que se ahogó en el diluvio en tiempos de Noé.

Este es el asombroso relato que Pedro, y solo Pedro, hace de aquellos días ocultos. Pero lo menciona casi incidentalmente, sin pensar que sus lectores lo encontrarán sensacional o increíble. De hecho, lo presenta como un hecho aceptado, o al menos aceptable, y pasa inmediatamente a su aplicación práctica. Lo utiliza para estimular la vida piadosa y el sufrimiento sin quejas.

Pedro se habría asombrado al saber cuánta especulación y controversia ha suscitado su revelación, centrándose desgraciadamente en lo que dijo, en lugar de por qué lo dijo. Estos versículos han sido descritos como "uno de los pasajes más difíciles del Nuevo Testamento". Este tipo de comentario siempre suscita la pregunta: ¿difícil de entender o difícil de aceptar?

Ha habido muchos y variados intentos de "explicar" lo que Pedro quiso decir, ¡la mayoría de los cuales parecen buscar una explicación para eludirlo! A continuación, enumeramos algunos de ellos.

Algunos cambian la *audiencia*. Se dice que Jesús predicó a todas las almas "justas" de todos los siglos anteriores, para poder trasladarlas del "hades" al "paraíso". Se dice que Jesús predicó a los ángeles caídos, siendo el "evangelio" la mala noticia de su derrota y condena. Se dice que Jesús predicó a todos los que "nunca habían oído", es decir, a todos los gentiles y posiblemente a algunos judíos.

Algunos cambian el *momento*. Dicen que fue mucho antes: el Hijo de Dios preexistente estaba predicando justo antes del diluvio, en espíritu y no en cuerpo, por supuesto. O dicen que fue un poco más tarde: Jesús estaba predicando después de su resurrección, en un cuerpo "espiritual", por supuesto.

Algunos cambian el *texto*. Argumentando que un error de los copistas se ha colado en los manuscritos, "enmiendan" el griego para que diga que fue Enoc, el bisabuelo de Noé, y no Jesús, quien predicó a la generación que perecería en el diluvio. Esta alteración crea otro problema: la referencia deja de tener sentido en el contexto de Pedro.

Es difícil evitar la impresión de que la mayoría de las "explicaciones" sugeridas, si no todas, están realmente motivadas por una extrema reticencia a aceptar el relato de Pedro tal como es, ya que parecen ser intentos de "eludir" lo que él afirma que sucedió. ¿Podemos identificar una posible razón para esta vacilación? Hay una posibilidad muy obvia.

La enseñanza general de la Biblia es que la oportunidad de reconciliación entre humanos pecadores y un Dios santo está estrictamente limitada a esta vida. La muerte pone fin a esta posibilidad y sella el destino eterno. Esto da una urgencia tanto a la predicación del evangelio como a la necesidad de responder a él.

Pero Pedro parece contradecir este supuesto básico, al enseñar aparentemente que el evangelio puede seguir comunicándose después de la muerte, lo que implica que también puede continuar su obra redentora cuando es aceptado por los muertos. Si esto es cierto, pone en tela de juicio la urgencia de buscar la salvación; de hecho, los pecadores se verían animados a posponerlo ("siempre hay bastante tiempo para pensar en ello, ya sea a este lado de la tumba o al otro"). Además, al prolongar así la oportunidad de salvación, se abre la puerta al "universalismo" (vea el capítulo 2), la esperanza de que, tarde o temprano, todo el mundo se salvará.

El temor de que el incidente sea "utilizado" de esta manera es muy real, aunque nada más lejos de la aplicación que hace Pedro. El comentario de uno de los biblistas más influyentes del siglo XX, William Barclay, que dice que el pasaje contiene "una visión impresionante de nada menos que el evangelio de una segunda oportunidad", demuestra que la ansiedad no es infundada.

No obstante, el miedo a la herejía no siempre ayuda a una exégesis sólida, ya que tiende a la antítesis más que a la síntesis.

El temor al relativismo puede conducir a un absolutismo no bíblico. Permitir cualquier excepción a una regla puede parecer que socava y, en última instancia, abole la regla. La excepción se convierte en una "fisura" que se extiende gradualmente hasta el punto de que la regla se convierte en la excepción. Que esto puede ocurrir es fácil de ilustrar.

El divorcio es un buen ejemplo. La regla de Jesús al respecto era clara: todo nuevo matrimonio es adulterio a los ojos de Dios (Mr 10:11s; Lc 16:18). Sin embargo, hizo *una*, y solo una, excepción: cuando el divorcio era por causa de adulterio (Mt 5:32; 19:9). Algunos cristianos temen que al permitir *cualquier* excepción no se detenga la tendencia a la aceptación general de todos los divorcios y segundas nupcias, incluso en círculos eclesiásticos, y esta previsión está muy justificada. Sin embargo, al negar cualquier excepción, se han vuelto más rígidos que el propio Señor.

El caso que estamos considerando es muy similar. La regla de las escrituras es clara. La muerte fija un "gran abismo" que no se puede cruzar (Lc 16:26; vea Estudio de escrituras E). Buscar a Dios y encontrarlo es el propósito principal de la vida (Hch 17:27). La oportunidad de hacerlo durará tanto como la vida misma; la puerta está abierta hasta el momento de la muerte, como descubrió el ladrón moribundo (Lc 23:40-43; vea Estudio de escrituras F). Pero luego se cierra para siempre.

Sin embargo, existe esta única excepción. No se aplica a todos los muertos, ni siquiera a la mayoría de los muertos. Específicamente, solo se aplica a una generación de seres humanos desde el tiempo de Noé. Esta es la única excepción que ha habido, y no hay ningún indicio en las escrituras de que vaya a haber otra. Por tanto, es posible aceptar esta única excepción sin poner en peligro la regla general. Ciertamente, no hay aquí ninguna base para el "universalismo" o incluso para lo que Tennyson llamaba "la esperanza mayor" de una segunda oportunidad. Es un abuso de las escrituras convertir una excepción en regla.

La curiosidad humana naturalmente quiere saber por qué hubo esta única excepción. No se nos dice. Cualquier "explicación" es pura especulación. Sin embargo, hay una razón posible, totalmente coherente con la justicia de Dios. ¿Por qué iba a tener una generación el privilegio de una segunda oportunidad, a menos que no hubiera tenido la primera oportunidad normal? Dios los había escogido como ejemplo de su capacidad para destruir un mundo malvado; pero luego había prometido que no volvería a hacerlo con ninguna generación sucesiva, hasta el final mismo de la historia. Esto podría ser utilizado para acusarlo de injusticia por tratar a esa generación de manera muy injusta, una acusación que un Dios justo nunca permitiría que se hiciera contra él. Por eso, a esa generación que había sufrido una experiencia única de su juicio, le dio una oportunidad única de su gracia y misericordia (1P 4:6 implica claramente que se les ofrecía la salvación).

Por supuesto, todo esto es pura conjetura. Dios no tiene que rendir cuentas ante nosotros y no necesita justificar sus actos revelando sus razones. Hay un lugar para el agnosticismo reverente. Si supiéramos todas las respuestas, seríamos Dios. Él nos ha dicho lo que quiere decirnos y lo que necesitamos saber. El carácter tan improbable e inesperado de esta revelación lo confirma.

De paso, cabe señalar que, si el incidente ocurrió realmente, no cabe duda de que los espíritus desencarnados de los que han muerto son plenamente conscientes y capaces de comunicarse entre sí. Me pregunto si Noé y su familia estuvieron presentes en esa ocasión única y, de ser así, cuáles fueron sus sentimientos. ¡Tengo que acordarme de preguntarles!

Pero es demasiado fácil dejarse llevar por esos pensamientos o por los aspectos sensacionalistas del incidente. El resultado es que pasamos por alto el propósito práctico de Pedro al introducirlo. Su intención era fomentar la aplicación ética más que la especulación intelectual. ¡No es que su línea de pensamiento sea tan fácil de seguir (Pablo podría haber devuelto la queja de Pedro de que "sus cartas contienen algunas cosas difíciles de entender"; 2P 3:16)!

Podemos empezar identificando dos hilos conductores que atraviesan esta carta dirigida a jóvenes cristianos dispersos por lo que hoy llamamos Turquía.

Uno es la necesidad de *aceptar el sufrimiento*. Nerón era ahora el emperador romano y las ondas de su hostilidad hacia los discípulos de Jesús se extendían por el imperio. Siempre ha sido parte de la formación de los discípulos que "es necesario pasar por muchas dificultades para entrar en el reino de Dios"

(Hch 14:22). La necesidad de esta clase de estímulo era cada vez más acuciante. Pero, como Cristo antes que ellos, deben sufrir por hacer lo bueno, no lo malo.

La otra es su necesidad de *evitar el pecado*. Es precisamente su diferencia moral con respecto a sus vecinos lo que agrava la persecución, lo que provoca la presión de volver a la inmoralidad pagana que había sido su anterior forma de vida.

Las dos necesidades están interrelacionadas, y Pedro refuerza su exhortación al distinguir entre "cuerpo" y "espíritu" (las dos palabras clave en este pasaje; búsquelas). Lo más importante no es lo que se hace con o al cuerpo, sino lo que se hace con y al espíritu. Una preocupación por el cuerpo, ya sea protegiéndolo o consintiéndolo, puede llevar a descuidar el espíritu. El cuerpo puede ser destruido, pero el espíritu sobrevive. Esto es precisamente lo que le ocurrió a Jesús, que fue muerto en el cuerpo pero resucitado en el espíritu para continuar su ministerio evangélico en otro lugar.

El bautismo, el paso de los creyentes por el agua, los "salva" de su generación pecadora, como Noé y su familia fueron salvados de la suya por el diluvio (cf. Hch 2:38-40, parte del primer sermón de Pedro). Pero el bautismo no salva lavando el cuerpo, sino limpiando el espíritu (apelando a Dios para tener una buena conciencia). La nueva vida, a la que han sido resucitados y en la que ahora caminan (cf. Ro 6:4), trae consigo inevitablemente el sufrimiento de los justos, que demuestra que han "roto con el pecado" (4:1), han acabado con los deseos erróneos de la carne.

Cuando los creyentes se preocupan más por su espíritu en el futuro que por su cuerpo en el presente, se dejarán influir más por la voluntad de Dios que por los caminos de los hombres. Se alegrarán cuando sean perseguidos por causa de la justicia, porque grande es su recompensa en el cielo (Mt 5:11s).

De los labios y la vida de su Señor, Pedro había aprendido bien sus lecciones. Al igual que su Señor, acabaría siendo condenado a muerte en el cuerpo en una cruz (pero al revés, por pedido propio, sintiéndose indigno de estar en la misma posición). Y lo soportaría, despreciando la vergüenza, por el gozo que le esperaba, sabiendo que también él sería vivificado en el espíritu y estaría con su Señor para siempre.

ESTUDIO DE ESCRITURAS I: LOS ÁNGELES CAÍDOS

Lea 2 Pedro 2:4-10 y Judas 6.

La Biblia da por sentado que los seres humanos no están en la cima de la escala de las criaturas de Dios. Aunque están por encima de los animales, son "un poco menor que los ángeles" (Sal 8:5). Esto supone un problema para los evolucionistas, ¡aunque no para los creacionistas!

Los ángeles nos superan en fuerza, inteligencia, movimiento y adaptabilidad. Habitaron originalmente en lugares celestiales y pueden visitar libremente la tierra y, como veremos, ser arrojados al infierno. Aunque tuvieron un principio, no tienen un final, ya que son inherentemente inmortales, a diferencia del hombre. "Nacieron", pero no pueden morir. Su número, aunque enorme, es fijo. No se reproducen ni aumentan. Esto no los hace inmortales en el sentido divino; solo Dios tiene la inmortalidad que no tiene principio ni fin.

Pueden pecar, pero no pueden ser salvados. Jesús no

derramó ni quiso derramar su sangre por ellos. Eso no es porque sean incapaces de recibir el perdón, sino porque la gracia no se ha extendido a ellos, posiblemente porque ya habían conocido la vida gloriosa del cielo y aun así la rechazaron. El líder de su rebelión contra el gobierno de Dios es conocido por varios nombres (Lucifer, Satanás y Belcebú), descrito por varias metáforas (el dragón, la serpiente antigua, el león que merodea) o simplemente es referido como el "diablo". Un tercio de las huestes celestiales desertó con él (Ap 12:4) y ahora se los conoce como "demonios", espíritus "malignos" o "impuros". A los que permanecieron fieles a su Creador se los llama a veces "deidades" pero, con más frecuencia, "hijos de Dios".

Es una pequeña parte de este grupo rebelde la que nos ocupa ahora. Su sórdida historia comienza en los días que precedieron al diluvio (y puede encontrarse en Gn 6:1-6). De ella se desprende que los seres angélicos podían sentir atracción sexual por mujeres humanas y eran capaces de seducirlas y fecundarlas. Tan ofensivo, incluso escandaloso, es este concepto que algunos eruditos cristianos han reformulado todo el evento en términos puramente humanos: Los "hijos de los hombres" se refieren a humanos piadosos y las "hijas de los hombres", a impíos (Agustín y Crisóstomo se negaron dogmáticamente a tomar la historia literalmente y afirmaron que era un mito con moraleja). Los expositores judíos, sin embargo, son prácticamente unánimes en mantener la interpretación "angélica". Resulta irónico que Hollywood haya producido recientemente una serie de películas de terror que explotan el tema de la impregnación demoníaca. Todo el asunto parece una espantosa falsificación del nacimiento virginal de Cristo, aunque hay algunas diferencias fundamentales (el Espíritu que "vino sobre" María era santo más que malvado, Creador más que criatura y, sobre todo, totalmente libre de cualquier vínculo sexual con ella).

La tradición judía posterior ha adornado el relato bíblico con muchos detalles adicionales, especialmente en el libro pseudoepigráfico de "Enoc". Los culpables se llamaban "los Vigilantes" y estaban dirigidos por uno llamado "Azazel" (el mismo nombre que el chivo expiatorio de Levítico). El incidente se sitúa en la época de Jared, padre de Enoc, y en la región del Monte Hermón. Uno de los resultados de la relación antinatural fue que las "esposas" aprendieron las artes de la magia oculta. Otro fue el nacimiento de una grotesca descendencia "híbrida" (Nefilim), que era físicamente superiores (gigantes), pero moralmente inferiores (controlados por el orgullo y la lujuria, incluso dados al canibalismo). Enoc, el primer profeta del que se tiene constancia, predijo que Dios descendería con sus ángeles fieles para hacer frente a esta extraña situación (Jud 14s proporciona un respaldo inspirado para este aspecto, al menos). El arcángel Gabriel mató a los gigantes (ciertamente desaparecieron), mientras que otro, Rafael, ató a Azazel.

Tal es el trasfondo de las referencias en estas cartas de Pedro y Judas, que parecen aceptar el relato del Génesis en su totalidad y gran parte de la ampliación apócrifa del mismo en "Enoc". Hay una notable similitud entre sus tratamientos separados del incidente, lo que sugiere alguna correlación mutua de naturaleza verbal o literaria, o al menos una deuda compartida con una fuente común (como en el caso de Is 2:2-4 y Mic 4:1-3). Cualquiera que sea la relación entre ellos, el acontecimiento es periférico más que central en ambos escritos, solo un ejemplo entre varios otros (el resto son sin duda acontecimientos históricos). Se destacan los siguientes cuatro aspectos.

Primero, la naturaleza de su pecado. Su acto indecoroso fue una grave violación del orden establecido por Dios en la creación. Los ángeles habían abandonado su posición y, por tanto, su autoridad (que era delegada, no inherente). Tal abuso de privilegio es una "abominación" para el Creador, comparable a las relaciones humanas con animales (Lv 18:23; 20:15), aunque eso no conllevaba ninguna posibilidad de fertilización. La belleza de la creación queda totalmente distorsionada por tal perversión. La esencia del pecado consiste en cambiar la posición y el rango que se nos ha asignado, ya sea en dirección descendente o ascendente (cf. "llegarán a ser como Dios" en Gn 3:5).

En segundo lugar, el motivo detrás. La raíz del problema era el deseo sexual incontrolado, empezando por el uso indisciplinado de la facultad de la vista. Esta "codicia de los ojos" (1Jn 2:16) conduce muy a menudo al pecado (Gn 3:6; Jos 7:21; Jue 14:1; 2S 11:2). Job luchó con éxito contra ella

(Job 31:1). Jesús hizo una de sus más solemnes advertencias al respecto (Mt 5:28s). Tanto Pedro como Judas estaban preocupados porque los falsos maestros estaban corrompiendo a los creyentes al predicar y practicar dicha inmoralidad, cuya justificación era que la gracia de Dios la cubriría, y "cambian en libertinaje la gracia de nuestro Dios" (Jud 4). En el peor de los casos, esta clase de enseñanza alentaba a la gente a pecar para poder recibir más gracia (Pablo se enfrentó al mismo problema; Ro 6:1). Es una distorsión demasiado conocida del evangelio que hace que la justificación sea esencial, pero la santificación, opcional. Significativamente, los falsos maestros, como los ángeles rebeldes, despreciaban la autoridad.

En tercer lugar, la certeza del juicio. Dios no permitió que la situación se prolongara indefinidamente (aunque su asombrosa paciencia dio tiempo a que se produjera su ilegítima descendencia). El hecho de que Dios no juzgue inmediatamente no debe llevarnos a la autosuficiencia o a la presunción. Porque es santo, debe erradicar el mal en última instancia. "Los molinos de Dios muelen lento, Pero muelen en extremo pequeño" (Friedrich von Logau). Los ángeles no escaparon a su merecido más que Sodoma y Gomorra (el siguiente ejemplo de inmoralidad tanto en Pedro como en Judas).

En cuarto lugar, la demora en su castigo. Aunque todavía hay otros "espíritus inmundos" en nuestro mundo, estos ángeles en particular han sido retirados de él y se les impide repetir su crimen. Han sido puestos bajo custodia y son mantenidos en las mazmorras más bajas y oscuras, encadenados. Para describir este lugar, Pedro toma prestada una palabra de la leyenda griega ("tártaro"), presumiblemente porque su significado sería familiar para sus lectores por sus antecedentes y comunicaría el horror y la repulsión apropiados. Pero ambos autores subrayan que este encarcelamiento no es su castigo final. Simplemente están a la espera de un juicio, y mientras tanto se les impide crear más estragos. El diablo sigue en libertad, aunque también será confinado de la misma manera y en el mismo lugar durante el "milenio" y antes del juicio final (Ap 20:1-3, donde "el abismo" es probablemente lo mismo que "el tártaro"; vea Estudio de escrituras J).

Para concluir, es importante subrayar el hecho de que ninguno de los dos autores introdujo este desagradable tema para fomentar la curiosidad intelectual, sino para garantizar la coherencia moral. Esta fue la razón más práctica, de hecho, la única razón, por la que se refirieron a esta extraña serie de acontecimientos, y debería ser nuestra principal razón para estudiarla. Ambos estaban preocupados por combatir una desastrosa incursión de la inmoralidad sexual en las comunidades cristianas que habían conocido y servido.

La premisa básica de su apelación es el carácter inmutable de Dios. Él no ha cambiado a lo largo del tiempo ni lo hará en la eternidad. Ya sea que sus mandatos sean desobedecidos por seres angélicos o humanos, ya sea antes de Noé o después de Cristo, ya sea entre incrédulos o creyentes, Dios siempre tomará en serio el pecado y finalmente lo castigará, si no ha sido confesado, perdonado, renunciado y abandonado.

Nadie está exento, pues él no tiene favoritos; su juicio es totalmente imparcial (Ro 2:1-11). El juicio empieza por su propia familia (1P 4:17). Existe un sano temor de Dios (1P 2:17) que motivará a los creyentes a asegurar su vocación y elección a fin de recibir una rica bienvenida en el reino eterno de nuestro Señor y Salvador Jesucristo (2P 1:10s; los versículos 3-9 nos dicen exactamente cómo hacerlo). Si no aprendemos la lección de los ángeles caídos, acabaremos uniéndonos a ellos.

ESTUDIO DE ESCRITURAS J: EL JUICIO FINAL

Lea Apocalipsis 20:1-15.

La Biblia es un libro de historia, pero no se parece a ningún otro. Comienza antes y termina después, extendiéndose desde el principio hasta el final de los tiempos. Dado que el hombre no puede observar ni registrar los acontecimientos del pasado o del futuro lejano, los primeros y últimos capítulos de las escrituras suponen un reto para la mente inquisitiva. Son o bien especulación humana o bien revelación divina.

Se ha puesto de moda tratar el Génesis temprano y el Apocalipsis tardío como "mitos", narraciones con significado espiritual pero no histórico, edificantes para el presente, pero no esclarecedoras sobre el pasado o el futuro. Deben ser "desmitificados" para el pensamiento moderno, despojados de su marco temporal para revelar sus verdades eternas. Las fábulas contienen verdades, pero no hechos.

Detrás de esta aparente sofisticación se esconde la

reticencia humanista a creer cualquier cosa que esté fuera del alcance de nuestras facultades y razón. Que Dios sepa más que el hombre es ofensivo; que Dios nos muestre lo que sabe está más allá de la credulidad. La profecía es tan "imposible" como el milagro en nuestro continuo espacio-tiempo cerrado, especialmente cuando "predice" acontecimientos que aún no han sucedido con ninguna precisión detallada.

Así que la cuestión de la fe debe ser considerada antes de estudiar escrituras proféticas. ¿Creemos que Dios puede conocer el futuro como nosotros conocemos el pasado? Más importante aún, ¿creemos que lo sabe porque tiene el control del futuro y ya ha decidido lo que va a hacer con él?

No se trata de cometer suicidio intelectual. La fe y la razón pueden ser compañeras de viaje, pero llega un punto del camino en el que la fe debe adelantarse y guiar a la razón, o el camino se convierte en un callejón sin salida sin llegar a la realidad plena y definitiva. El vigésimo capítulo del libro del Apocalipsis es un caso clásico. Al pretender predecir algunos de los últimos acontecimientos de la historia de la humanidad, aunque en términos desconocidos, el lector se enfrenta al reto de decidir si estos son históricos (que ocurren una vez en el futuro) o existenciales (que ocurren continuamente).

La predicción central es el juicio de toda la raza humana, incluidos tanto a los que ya han muerto como a los que aún sobreviven en ese momento. ¿Es una "imagen" del hecho de que estamos siendo "juzgados" en cada momento de nuestras vidas por nuestras reacciones y actitudes? ¿Es un recordatorio de que cada uno de nosotros será "juzgado" por separado en el momento de la muerte, cuando el cambio y el desarrollo cesen? ¿O se refiere a un acontecimiento único aún por venir, cuando todos seremos "juzgados" juntos?

La ortodoxia cristiana ha mantenido de manera consistente la tercera interpretación: habrá un "Día del Juicio" al final de la historia. El destino eterno de "los vivos y los muertos" se decidirá en esa gran ocasión. Aunque la palabra "día" no se utiliza en este pasaje concreto, se emplea ampliamente tanto en el Antiguo como en el Nuevo Testamento para referirse a esta crisis culminante (cf. Jl 2:31; Hch 2:20; 2Ts 2:2s; 2Ti 1:12; 4:8).

Aceptando esta predicción clave como un hecho y no como una fábula, como una verdad y no como un mito, resulta sorprendente que algunos cristianos tengan tantos problemas con las demás predicciones de este capítulo. Tratan el acontecimiento principal como literal, pero consideran los acontecimientos anteriores y posteriores como "metafóricos", o incluso míticos. Cierta coherencia de la fe es seguramente más apropiada. Todo el programa de acontecimientos finales se presenta en orden secuencial y en un estilo ininterrumpido. No hay ninguna razón textual interna para tomar un acontecimiento como literal y otro como metafórico. El conjunto debe tomarse en un sentido o en otro. Cualquier selectividad debe ser subjetiva, revelando las presuposiciones y prejuicios (en el sentido de juicios previos) del seleccionador.

El capítulo puede analizarse según las tres dimensiones del tiempo: lo que ocurre antes, durante y después del juicio final. La mayoría de las controversias cristianas se centran en la primera (el llamado "milenio"); hay un gran consenso sobre la segunda; pero cada vez hay más dudas sobre la tercera (el "lago de fuego"), que es, por supuesto, nuestro tema principal. En aras de la integridad, examinaremos las tres con cierto detalle.

ANTES DEL JUICIO

Las frases "Vi además... Entonces vi... Luego vi..." (vv. 1, 4, 11) indican claramente una secuencia de visiones que pretenden transmitir una sucesión de acontecimientos, al igual que en el capítulo anterior (19:11, 17, 19). Recuerde que las divisiones de los capítulos nunca formaron parte del texto original. Dado que los dos capítulos en realidad forman una narración continua, debemos echar un vistazo al anterior para adentrarnos en el flujo de los acontecimientos.

En él, el "Rey de reyes y Señor de señores", también llamado "el Verbo de Dios" (y seguramente refiriéndose a Jesucristo), viene desde el cielo (en un caballo de guerra, no en un burro de paz) para enfrentar a todos sus enemigos en la tierra. El regreso de Jesús al planeta Tierra se menciona más de trescientas veces en el Nuevo Testamento (la cruz se menciona aproximadamente el mismo número de veces, lo que convierte a estos dos acontecimientos en los dos "polos" del pensamiento del Nuevo Testamento). A continuación, derrota a una coalición internacional de reyes y a sus ejércitos, matándolos a todos (solo con su palabra), consignándolos al hades. Los dos malvados líderes mundiales (la "bestia" política y el "falso profeta" religioso) son enviados inmediatamente al infierno (incluso antes del "Día del Juicio", por lo que el "lago de fuego" debe estar totalmente "preparado" en esa etapa). Así que todos los que han conspirado contra el "ungido" del Señor (Sal 2:2, el único versículo en los Salmos que contiene la palabra hebrea *meschiah*; note que el v. 9 es citado en Ap 19:15) han sido derribados y eliminados de la tierra excepto uno, el diablo. ¿Qué se hará con él?

En este punto, se produce un acontecimiento tan inesperado que "suena a verídico" (siendo tan improbable que se le haya ocurrido a la razón o a la imaginación humanas). El diablo, al que se le dan los cuatro títulos que ya se han utilizado para él en este libro (dragón, serpiente, demonio y Satanás), recibe un trato muy diferente al de todos los que ha utilizado para desafiar y desbaratar los propósitos de Dios en la tierra. No es muerto con los reyes y ejércitos (no puede ser muerto, porque es un "ángel" caído y "no puede morir"; Lc 20:36). Tampoco es arrojado al "lago de fuego" con sus dos secuaces, la bestia y el falso profeta. Por el contrario, es detenido y enviado al "abismo" (o, la "fosa"), el lugar más profundo y oscuro del universo actual, temido por todos los demonios (Lc 8:31), donde algunos de ellos ya han sido encarcelados desde la época del diluvio de Noé (2P 2:4, aquí el lugar se llama "tártaro"; vea Estudio de escrituras I). Aunque es terrible estar encadenado en una prisión así, esto no se considera como el castigo del diablo; simplemente es mantenido bajo restricción. De paso, observamos que es apresado por otro ángel, no por el Señor (¿la máxima indignidad?) y que el arresto tiene lugar en la tierra (el ángel tuvo que bajar "del cielo").

Más sorprendente aun es que este confinamiento sea temporal y no permanente. Es solo por "mil años" (ya sea que se tome como un número exacto o una cifra redonda, es claramente un periodo de tiempo considerable). Entonces se le dará de nuevo la libertad (aunque por un breve espacio de tiempo), volviendo a sus antiguas formas de engañar a los seres humanos haciéndoles creer que pueden y deben deshacerse del pueblo de Dios en la tierra. ¿Quién hubiera imaginado semejante cadena de acontecimientos?

Hay mucho más para decir sobre este "milenio" (la palabra latina para mil años; el equivalente griego es *chilios*; de ahí vienen las etiquetas teológicas "mileniarismo" y "quiliasmo"). En el lado negativo, todos los poderosos enemigos de Cristo, tanto humanos como demoníacos, habrán sido eliminados de la tierra, sin poder influir más en los asuntos humanos. Esto, por sí solo, supondría un cambio radical en el curso de la historia. Pero dejaría un vacío de poder. ¿Quién asumirá la responsabilidad del gobierno?

En el lado positivo, el mundo será gobernado por el rey ungido por Dios, el "Cristo" (la palabra se utiliza aquí por sí sola y es el título del esperado Mesías judío) y los "ministros" a los que ha dado autoridad para administrar justicia. Los que han "resistido" por él en épocas anteriores, ahora "reinarán" con él (2Ti 2:12); los "santos juzgarán al mundo" (1Co 6:2). El pueblo de Dios, reprimido por los gobiernos del mundo durante tanto tiempo, será entonces el gobierno mundial. Cristo, por sí solo, habrá logrado la mayor revolución de todas, permitiendo que los mansos hereden la tierra, como él y su madre habían profetizado (Mt 5:5; Lc 1:52).

Entre los nuevos gobernantes de la tierra, Juan "el vidente" se fija particularmente en un grupo especial ("Vi también..." en el v. 4b marca una nueva visión y la distingue del v. 4a). Aquellos que habían sido martirizados en la última terrible dictadura y que se negaron a transigir en su fe, incluso para obtener las necesidades de la vida (Ap 13:16s), han tomado ahora el lugar de su perseguidor. ¡Qué recompensa por su costosa fidelidad!

De este último grupo se desprende que antes de este "milenio" debe haber tenido lugar una resurrección, y no con cuerpos viejos, sino con cuerpos nuevos (que vivirían mil años y más). Esto se afirma ahora específicamente: habrá, de hecho, dos resurrecciones, la "primera", de los calificados para reinar con Cristo y luego, mucho más tarde, "los demás muertos". Los que resuciten en la "primera" serán bendecidos y santos, bendecidos porque han sido santos. Entonces también sabrán con certeza que no hay posibilidad de que puedan ser condenados más tarde a la "segunda muerte", en el Día del Juicio; el hecho mismo de su resurrección temprana y su reinado con Cristo ha resuelto la cuestión de su destino eterno más allá de toda duda posible (¿es esto a lo que se refería Pablo cuando hablaba de "alcanzar la resurrección *fuera de entre* los muertos" mediante el conocimiento la comunión de los sufrimientos de Cristo y el poder de su resurrección?; Fil 3:10s). Los así "bendecidos" se convertirán en sacerdotes y en reyes, en mediadores y monarcas en la tierra (Ap 5:10).

Solo podemos imaginar qué paz y prosperidad resultarán de tal gobierno mundial. Con Cristo y su pueblo perfeccionado al control, reconocidos por toda la población, los reinos del mundo se habrán convertido en el reino de nuestro Señor y de su Cristo (Ap 11:15). La justicia fluirá por la sociedad como un río. Esa persistente esperanza del género humano, la "Edad de Oro", habrá llegado. En verdad, se habrá recuperado el paraíso. Una existencia tan idílica sería sin duda el cielo en la tierra, y podría durar eternamente.

Pero las apariencias pueden ser engañosas. Un gobierno y un entorno ideales pueden satisfacer el deseo humano de paz y prosperidad, pero no cambian la naturaleza humana. La gente puede estar contenta con una dictadura benévola cuando aporta beneficios tan evidentes, hasta que se le ofrece la posibilidad de liberarse de esa autoridad. Increíblemente, cuando al final del milenio el diablo vuelve a ser libre para influir en los asuntos humanos, todavía podrá sembrar el odio hacia las personas y los lugares asociados con Dios. Reúne fuerzas de los cuatro rincones de la tierra para hacer un último intento de independencia del Creador del universo. Esta vez es el propio Dios, y no Cristo, quien destruye el vasto ejército humano (y con fuego en lugar de con la palabra). El indestructible demonio recibe finalmente su merecido y es arrojado al "lago de fuego", uniéndose a sus dos secuaces que ya están allí (para saber lo que le ocurre después, vea más adelante).

Tal es la extraordinaria serie de acontecimientos *antes* del Día del Juicio, si se toma este pasaje al pie de la letra. No es fácil imaginar que tales cosas sucedan y aún más difícil entender por qué deberían suceder. No se nos dice, y cualquier intento de explicarlo corre el riesgo de especulación. Sin embargo, dos resultados del "milenio" pueden indicar las razones.

Por un lado, el reinado de Cristo y sus beneficios se demostrarán de forma tangible y visible en la misma esfera donde fueron rechazados. Esto sería totalmente coherente con el Dios que reivindica a los justos. Este mundo ha visto con demasiada claridad los resultados del reinado de Satanás; seguramente debería ver cómo puede ser en manos del Hijo de Dios. Al fin y al cabo, siempre fue la intención que nuestro mundo fuera un regalo del Padre a su Hijo, y el propósito de Dios es reunir todas las cosas en Cristo, tanto las que están en los cielos, como las que están en la tierra" (Ef 1:10). Es totalmente congruente que el Padre quiera manifestar esto en la vieja tierra, antes de que pase y dé lugar a la nueva.

Por otra parte, el "milenio" también demostrará claramente que un cambio de gobierno no es la solución definitiva a los problemas del mundo. Un soberano perfecto necesita súbditos perfectos para que haya un reino perfecto. La aquiescencia exterior no es lo mismo que la aceptación interior. La tragedia final del "milenio" revela que la naturaleza humana, incluso en condiciones ideales, sigue siendo vulnerable a ofertas de autonomía, como ocurrió en el jardín del Edén.

Esta doble demostración, del poder de Cristo para el bien y del poder de Satanás para el mal, es un adecuado preludio del Día del Juicio. La cuestión se aclara y las alternativas se exponen plenamente. Como solo hay dos gobernantes en este mundo, solo habrá dos destinos en el próximo. En última instancia, pasaremos la eternidad con Cristo o con Satanás. Es blanco y negro; no hay matices de gris.

Sin embargo, antes de examinar el día en que se producirá esta división, debemos detenernos a considerar el hecho de que los cristianos suelen estar profundamente divididos sobre el "milenio" que lo precede, sintiéndose muchos de ellos incapaces de aceptar el escenario que acabamos de describir. Señalan que éste es el único pasaje del Nuevo Testamento que lo menciona claramente, incluso en un libro del que se dice que es "oscuro", lleno de imágenes apocalípticas y símbolos desconocidos. Por tanto, se considera inadecuado tomar el libro en su conjunto, o aun partes de él, como una descripción literal de acontecimientos futuros. Por tanto, no debe utilizarse como fuente de datos para la doctrina escatológica.

En respuesta, podemos señalar que este capítulo, aunque tiene algunos detalles desconcertantes ("Gog y Magog", por ejemplo, el nombre dado al último ejército de la coalición que atacará Jerusalén; podría ser simplemente demasiado pronto para que podamos identificarlos), está sin embargo en su mayor parte en un lenguaje claro y directo. No es difícil de entender, aunque a algunos les cueste aceptarlo. Además, aunque sea la *única* referencia clara a un milenio, es al menos una referencia *clara*. ¿No es eso suficiente? ¿Cuántas veces tiene que decir Dios algo para que lo creamos? No es de extrañar que "solo" se mencione aquí, ya que Apocalipsis es el único libro del Nuevo Testamento que trata del fin de los tiempos con cierto detalle (así como Génesis es el único libro del Antiguo Testamento que trata del principio de los tiempos). Apocalipsis es también nuestra única fuente de información detallada sobre el nuevo cielo y tierra y la nueva Jerusalén. ¿Por qué los que son escépticos sobre el milenio suelen aceptar los capítulos 21 y 22 sin problemas? ¡Probablemente porque es más fácil creer cosas increíbles en otro mundo que en este!

La respuesta más positiva a ese escepticismo es preguntarse cómo entenderían esta revelación el escritor inspirado y sus lectores. Comenzamos señalando que él y muchos de ellos eran judíos. Todo el libro es completamente judío, impregnado de "apocalíptica" hebrea (esa rama de la profecía que "develaba" el futuro en estilo pictórico) y repleto de referencias directas e indirectas a las escrituras judías. Se ha dicho que el conocimiento del Antiguo Testamento es absolutamente esencial para entender Apocalipsis (lo que puede explicar por qué tantos cristianos lo encuentran desconcertante).

Pero el trasfondo judío va más allá de sus escrituras canónicas, la última de las cuales (Malaquías) fue escrita quinientos años antes de que se escribiera el Apocalipsis. Su pensamiento sobre el futuro avanzó enormemente durante esos siglos "intertestamentarios", posiblemente como resultado de su exilio en Babilonia y del reto que supuso el contacto con otras religiones (especialmente el zoroastrismo) que tenían un programa muy desarrollado del "fin de los tiempos" que incluía la creencia en la resurrección, el juicio, el cielo y el infierno. El pueblo judío se vio obligado a reflexionar sobre su propia "escatología" (es decir, la teología del futuro, de la palabra griega *eschaton*, que significa "el fin").

Entre los judíos, los fariseos tenían el "esquema" más claro, mientras que los saduceos eran más escépticos. Pero la escatología judía en general había avanzado mucho más allá de los indicios de sus escrituras y puede encontrarse en los escritos "apócrifos" (la palabra significa "oculto", y se refiere a los libros que se mantienen fuera del "canon" o "regla" de las escrituras) y "pseudoepígrafos" (escritos anónimos con el nombre supuesto de una figura conocida del Antiguo Testamento, como Moisés) entre los dos Testamentos. En particular, los libros de Baruc y Esdras revelan sus expectativas sobre los "últimos días".

De ellos emerge una imagen notablemente similar a la descrita en el Apocalipsis. Al menos algunos judíos, si no muchos, ya creían que, antes del advenimiento de un nuevo cielo y una nueva tierra (prometidos en Is 65:17), habría una "era" mesiánica en la tierra, cuando el "ungido" del Señor (hebreo: *meschiah*; griego: *christos*) gobernaría las naciones. Las especulaciones sobre la duración de este gobierno mesiánico en la tierra variaban, pero al menos una fuente menciona mil años. Incluso habían calculado que esto implicaría *dos* resurrecciones, la primera de las cuales tendría lugar al principio de la "era" y se denominaría la "resurrección de los justos" (el propio Jesús utilizó esta frase al hablar con los fariseos; Lc 14:14).

Hay poca diferencia básica entre esta esperanza y el "milenio" de Apocalipsis. Aunque su descripción detallada se encuentra fuera de las palabras inspiradas del Antiguo Testamento, está respaldada en las palabras inspiradas del Nuevo Testamento. Juan no estaba comunicando un concepto totalmente original; los lectores judíos lo reconocerían fácilmente. Pero estaba ampliando la comprensión que tenían del concepto; en particular, al identificar a Jesús como gobernante venidero y al incluir el destierro de Satanás, ninguno de los cuales formaba parte de las expectativas judías.

Por lo tanto, no sería sorprendente encontrar que el segmento judío de la iglesia primitiva entendiera el "milenio" de forma literal, puesto que esa esperanza ya formaba parte de su herencia. Y así fue. Lo que también está claro es que el segmento gentil adoptó la misma comprensión. La mayoría de las referencias al tema por parte de escritores cristianos de los primeros siglos (conocidos colectivamente como "los Padres") eran "milenaristas" (los lectores interesados pueden comenzar con Justino Mártir o Ireneo, en el siglo II). Creían en "el reinado corpóreo de Cristo en esta misma tierra" (por citar a Papías, obispo de Hierápolis, en Asia), asociándolo a menudo con la restauración de un reino en Israel (así, Justino Mártir, aunque no todos estaban de acuerdo con él).

Este consenso inicial se denomina ahora la posición *premileniarista* (porque sostiene que Cristo volverá antes de establecer su reino en la tierra). Esta esperanza comenzó a desvanecerse en los siglos III y IV, quizás porque se hacía evidente que el regreso del Señor no iba a ser tan pronto como se esperaba. En el siglo V, Agustín, obispo de Hipona, en el norte de África, enseñaba un programa revisado (¿invertido?), en el que Jesús volvería *después* de que su reino se hubiera establecido en la tierra (por lo que se conoce como la posición posmileniarista). Sin duda, este escenario más optimista fue fomentado por el cambio de suerte de la iglesia. La persecución romana había terminado; el propio emperador (Constantino) se había convertido y la fe cristiana se había convertido en la religión oficial "establecida". A medida que el Imperio declinaba y caía, la iglesia parecía ocupar su lugar como potencia mundial (el obispo de Roma adoptó el título de "Pontifex Maximus" del antiguo emperador, así como otros rasgos). La iglesia tomaba la forma de un reino, que más tarde se conocería como "cristiandad". La nueva Jerusalén estaba siendo construida en la tierra por la iglesia (el libro más influyente de Agustín se titulaba: *La ciudad de Dios*). La visión de una iglesia-estado internacional, que duraría mil años hasta el regreso del Rey, capturó la imaginación eclesiástica. Tomás de Aquino recogió esta antorcha y ha seguido siendo la enseñanza oficial de la iglesia católica romana (una de las razones por las que el Vaticano es un estado político), aunque es comprensible que haya cierto debate sobre cuándo comenzó o comenzará este reino milenario.

Los reformadores protestantes no ponían énfasis en la escatología, por lo que sus puntos de vista no están claros. Parecen haber adoptado y adaptado la perspectiva "posmilenaria" de su tiempo, transfiriéndola a las iglesias-estado protestantes e identificando al papa y a su iglesia-estado como la ramera escarlata de Babilonia, todo lo contrario a la ciudad de Dios.

¿Cómo tratan los posmileniaristas Apocalipsis 20? Lo ven como un periodo de tiempo literal en la tierra, aunque no parecen tener muy claro si ya ha comenzado. El énfasis está en el cuerpo de la iglesia, más que en su Cabeza, como el agente que ata al diablo y establece el reino. La "primera" resurrección se suele considerar como la del propio Cristo. La ausencia total de la bestia, del falso profeta e incluso del propio diablo suele evitarse o explicarse como referida a la iglesia, más que al mundo. Por razones obvias, este punto de vista no pone ningún énfasis en la inminencia del regreso de Cristo.

Volviendo a nuestro breve repaso histórico, a medida que la "Ilustración" (o "Renacimiento") extendía su influencia humanista y secularista por Europa, a los cristianos les resultaba cada vez más difícil creer que el milenio ya había comenzado (o incluso que llegaría antes del regreso de Cristo). La realidad era que la iglesia, católica o protestante, ya no era la influencia dominante en el mundo occidental, por no hablar de las tierras "paganas" de otros partes. Afirmar que el demonio ya no engañaba a nadie era desmentido por los hechos.

En lugar de volver a la posición premilenaria "clásica" de la iglesia primitiva, que hacía tiempo que se había olvidado en gran medida, apareció una tercera visión, que eliminó efectivamente el milenio no solo del final de la historia, sino de la historia terrenal (de ahí que se conozca como la posición *amilenaria*, cuyo prefijo significa virtualmente "no"). El "reinado" de Cristo ya ha comenzado en el *cielo,* y abarca todo el período entre su ascensión y su regreso (y ya ha durado dos milenios, por lo que el "mil" de las escrituras es un número simbólico). La atadura de Satanás tuvo lugar durante la primera visita de Cristo a la tierra. La "primera" resurrección tiene lugar cuando una persona nace de nuevo y "resucita de la muerte a la vida". Solo la "segunda" resurrección es corporal, y tendrá lugar cuando Cristo regrese para llevar a su pueblo al cielo, al reino eterno. La ausencia de bestia, falso profeta y diablo se refiere al cielo y no a la tierra. Sin un gobierno mesiánico en la tierra, la segunda visita de Cristo será extremadamente breve (de hecho, uno no puede evitar preguntarse por qué debería volver; ¿por qué no dar a los creyentes sus nuevos cuerpos en el cielo?)

El "amileniarista" tiende a ver el debate pre/post como una distracción irrelevante ("una plaga sobre ambas casas"), tendiendo a despreciar ambos o al menos a considerar su propia posición como la más esclarecida.

En los últimos ciento cincuenta años se ha producido un aumento de la expectativa del regreso del Señor (entre otras cosas por el aumento acelerado de los acontecimientos catastróficos a escala mundial) y, con ello, un resurgimiento del premileniarismo, pero en un nuevo marco, conocido como "dispensacionalismo", que combina la visión "clásica" de la iglesia primitiva con algunos rasgos novedosos, incluso excéntricos. Procedente de la enseñanza de J. N. Darby (fundador de los Hermanos de Plymouth), difundida a través de las notas de la Biblia de Scofield y popularizada ahora a través de los libros de Hal Lindsay, este esquema divide la historia en distintos periodos (llamados "dispensaciones"), cada uno de los cuales tiene su propia base característica para la relación entre Dios y el hombre. El "milenio" se considera la última dispensación de la historia y se entiende como el "reino" que Jesús intentó, pero no consiguió, traer a Israel en su primera visita. El reino inaugurado por su segunda visita será como "Rey de los judíos". Todos los cristianos habrán sido "arrebatados" al cielo unos años antes del final de la dispensación anterior (y antes de la "Gran Tribulación" durante la cual el anticristo reinará en la tierra; de ahí el término "arrebato pretribulación"). El corazón del "dispensacionalismo" es su división radical entre los destinos cristiano y judío. El "reino" pertenece a los últimos en la tierra, mientras que los primeros están en el cielo. Incluso este brevísimo resumen debería bastar para mostrar lo diferente que es esto del pensamiento de la iglesia primitiva.

¡Es una gran pena que la mayoría de los cristianos contemporáneos solo hayan escuchado el argumento "premilenario" en esta forma groseramente distorsionada y hayan tirado al bebé "clásico" con el agua de baño "dispensacional"! Los que han sido educados en la enseñanza dispensacional a menudo han pasado de un "reino" totalmente futuro y judío a uno totalmente presente y sin lugar para Israel. Esto parece haber sucedido con las teologías de la "Restauración" y del "Dominio", que parecen dirigirse hacia un optimismo posmilenario con su correspondiente disminución del énfasis en la Segunda Venida como centro de la esperanza cristiana. Afortunadamente, algunos eminentes eruditos están recuperando y comunicando la perspectiva premilenaria "clásica", libre de su distorsión dispensacional; merecen ser escuchados (los escritos de George Eldon Ladd, Merrill Tenney y J. Barton Payne son particularmente útiles).

Muchos se han cansado de toda la discusión; en parte, porque la polarización extrema la ha convertido en una cuestión de fraternidad, poniendo en peligro la unidad de los verdaderos creyentes, y en parte porque su pertinencia no es fácilmente obvia. ¡Se ha acuñado una nueva etiqueta, *panmilenario*, para cubrir a aquellos que simplemente creen que "todo saldrá bien (en inglés, *pan out*) al final"! Aunque en un principio se trataba de una broma, hay algo de verdad en la etiqueta, que es muy apropiada para aquellos que simplemente no se molestan en realizar ningún estudio serio sobre el tema. En otras palabras, simplemente lo ignoran, convencidos de que hay muchas cosas mejores que hacer. Pero ignorarlo no lo quita de la Palabra de Dios; y si *toda* la escritura es inspirada y útil (2Ti 3:16), está ahí para algo. Por tanto, es válido preguntarse por qué está ahí y cuál es su significado. Ignorarla por completo equivale a borrarla y se acerca peligrosamente a merecer la maldición que pesa sobre cualquier que "quita palabras de este libro de profecía" (Ap 22:19).

Dicho todo esto, la opinión de cada uno sobre el "milenio" afecta poco su pensamiento sobre el infierno, que es el tema principal que nos ocupa. De hecho, su única relación con el tema es la fecha de entrada de sus primeros habitantes. Tres son arrojados al "lago de fuego" *antes* del Día del Juicio, dos de ellos (la "bestia" y el "falso profeta") antes del "milenio". Quienes sitúan el milenio en la era actual de la historia de la iglesia (como hacen tanto los posmileniaristas como los amileniaristas) deben explicar este hecho inusual, así como el mayor problema que presenta la clara afirmación de que durante la mayor parte del período, Satanás, aunque todavía no está en el infierno, está totalmente aislado de la tierra. Por cierto, no se menciona exactamente cuándo los ángeles del diablo se unen a él en el infierno, aunque parece que eso también será antes de que ningún ser humano sea enviado allí (Mt 25:41).

DURANTE EL JUICIO

No hace falta decir mucho aquí, ya que los cristianos están ampliamente de acuerdo en que se trata de un acontecimiento literal que tendrá lugar al final de los tiempos.

El entorno terrestre desaparece rápidamente, dejando solo a sus habitantes ante su Hacedor (la opinión muy opuesta a la de muchos ecologistas pesimistas, que creen que los habitantes desaparecerán primero, dejando solo un entorno contaminado).

Todos los muertos resucitarán, independientemente de lo que haya ocurrido con sus cuerpos terrenales (tanto si están debidamente enterrados en la tierra como si se han ahogado en el mar; la desintegración completa de los restos físicos no impide en absoluto la resurrección, un hecho pertinente para las preguntas sobre la cremación). El rango social será irrelevante, "grandes y pequeños" estarán juntos.

El trono del juicio es blanco (el color de la pureza) y el juez es a la vez divino y humano (el "él" no identificado podría entenderse como Dios, pero las escrituras indican claramente que ha delegado esta responsabilidad en su Hijo; Mt 25:31s; Jn 5:27; Hch 17:31; Ro 2:16; 2Co 5:10; Ap 5:6).

Tanto si los "libros" son literales como simbólicos, su mensaje es claro. Se ha guardado un registro de todo lo que han hecho (y dicho) todos los que han vivido. A diferencia del popular programa de televisión *Esta es tu vida*, no habrá una selección amigable para la presentación pública, ni se omitirán las cosas que es mejor mantener ocultas. Todo será revelado. No habrá excusas ni apelaciones a la luz de una evidencia tan condenatoria.

Si estos fueran los únicos libros abiertos, ¿quién podría ser absuelto? Todo el género humano estaría condenado (Ro 3:9-18). Pero hay otro libro que será abierto. Pertenece al propio Juez; su propio nombre está en él y sus propios hechos están registrados en él. La suya es la única vida vivida en la tierra sin una sola ofensa procesable (lo que lo califica para ser el Juez de todos los demás seres humanos; Jn 8:7). Todos los demás libros anuncian la muerte para sus súbditos; solo el suyo es el libro de la vida, porque solo él merece vivir.

Sin embargo, hay muchos otros nombres en este libro bajo el suyo. Son los nombres de los que han puesto su fe en él y la han mantenido (permaneciendo fieles a él). Por su nombre han "vencido" al mundo, a la carne y al diablo, por lo que sus nombres han permanecido en el libro y no han sido borrados (Ap 3:5). No lo han repudiado, por lo que él no los repudiará ahora (Mt 10:33; 2Ti 2:12).

La impresión que queda es la de un simple acto de juicio, muy diferente a las escenas de los tribunales terrenales, con su interminable ponderación de testimonios y pruebas. Se hará justicia y se verá que se hace justicia. Solo hay que abrir los libros. Los culpables son condenados por sus propias autobiografías. Los absueltos son cubiertos por la biografía del Juez. Es una escena impresionante de significado eterno.

Los resultados también son sencillos. La raza humana se divide en dos grupos: la vieja humanidad en Adán y la nueva humanidad en Cristo, "Homo sapiens" y "Homo novus". Solo dos destinos están por delante, solo dos lugares han sido preparados para la futura existencia de sus cuerpos resucitados.

DESPUÉS DEL JUICIO

Los dos destinos ya han sido tratados en profundidad (en los capítulos 3 y 6). El nuevo cielo y la nueva tierra se describen en los dos últimos capítulos de Apocalipsis. Aquí, en el capítulo 20, tenemos algunas de las declaraciones más claras de las escrituras sobre el infierno mismo. Tres aspectos son importantes.

En primer lugar, la "muerte" y el "hades" son arrojados al "lago de fuego". El acontecimiento que hace que nuestros espíritus se desencarnen y el lugar que alberga a los espíritus desencarnados quedan abolidos; el uno no volverá a ocurrir, por lo que el otro no volverá a ser necesario. En adelante, todos los espíritus humanos tendrán una existencia corporal; éste será su estado permanente. Muchos no se han dado cuenta de que Jesús habló del infierno (o Gehena) como un lugar para personas con cuerpo (Mt 5:29s; 10:28). Como la "muerte" y el "hades" son cosas y no personas, que no tienen conciencia de sí mismas, se supone que ser arrojados al fuego significa su total extinción. Pero ¿el fuego hace lo mismo con las personas?

En segundo lugar, el "lago de fuego" se llama "la segunda muerte". A primera vista, podría pensarse que esta frase implica la extinción de las personas. Así como la "primera" muerte llevó al cuerpo al final de su existencia (en cierto modo), ¿la "segunda" lleva al cuerpo y al alma al final de su existencia? Pero esta no es toda la historia de la primera muerte. Puede haber llevado el cuerpo a la disolución, pero ciertamente no puso fin a la existencia de la persona consciente de sí misma que lo había habitado. ¿Por qué habría de hacerlo la "segunda muerte"? Además, la primera muerte fue un hecho judicial y no natural, un castigo por el pecado (Gn 2:17). Lo mismo ocurre con la "segunda". Y la esencia de ambas es la separación. La primera muerte nos separa de otros seres humanos, la segunda del Ser Divino. El corazón del infierno es que Dios no está allí.

En tercer lugar, el infierno se describe como seres "atormentados día y noche por los siglos de los siglos". Este es el ejemplo más inequívoco de esta terrible verdad en todo el Nuevo Testamento. Los aniquilacionistas se han limitado a tacharlo de "difícil" (solo porque no encaja con su opinión) o de "simbólico" (sin una palabra sobre lo que creen que simboliza). ¿Podría haber una afirmación más clara? "Atormentado" solo puede significar sufrimiento consciente; "día y noche" solo puede significar sin descanso; y "por los siglos de los siglos" (literalmente, "hasta las edades de las edades", la expresión griega más fuerte para transmitir "eternidad") solo puede significar inconcebiblemente interminable.

No obstante, se ha señalado que esta afirmación se aplica al diablo y no a los seres humanos. Pero también incluye a sus dos secuaces humanos, que, según dice, ya han experimentado este "tormento" durante los mil años del milenio. Sin embargo, algunos se niegan a aceptar que éstos sean humanos o incluso personales, afirmando que son "personificaciones" de estructuras e instituciones sociales impersonales que "oprimen" a la sociedad humana. No se explica cómo pueden ser "atormentados". Tampoco se explica el hecho de que hay muchos otros "anticristos" y "falsos profetas" en las escrituras (1Jn 2:18; Mt 24:11), cada uno de los cuales es claramente un ser humano personal. Sin embargo, antes en este libro se dice de los que aceptan la "marca registrada" de la "bestia" para comprar y vender (y seguramente estos son seres humanos): "El humo de ese tormento sube por los siglos de los siglos. No habrá descanso ni de día ni de noche" (Ap 14:11). El lenguaje es idéntico tanto para los seres humanos como para los demoníacos: un tormento consciente sin descanso temporal ni liberación permanente.

El argumento definitivo es la propia enseñanza de Jesús en la "parábola" de las ovejas y las cabras (Mt 25:31-46; vea Estudio de escrituras A). Las cabras de la mano izquierda del Rey (nadie duda de que se trata de seres humanos) no solo son enviadas al mismo *lugar* que el diablo y sus ángeles, sino al mismo *castigo*, que es "eterno". No hay ni siquiera un indicio de que el fuego que "atormenta" a los ángeles caídos, para los que fue originalmente preparado, resulte ser una "liberación misericordiosa" para los que se unan a ellos. Ocurrirá lo mismo para todos aquellos cuyos nombres no se encuentran escritos en el libro de la vida (Ap 20:15). Con esta solemne nota, concluimos nuestro estudio.

www.ingramcontent.com/pod-product-compliance
Lightning Source LLC
Chambersburg PA
CBHW070649120526
44590CB00013BA/881